# NETWORKING

*para*

# EDITORES FREELANCE

## LIBRO DE TRABAJO

### ESTRATEGIAS PRÁCTICAS
*para un* **NETWORKING EXITOSO**

BRITTANY **DOWDLE**

LINDA **RUGGERI**

Primera edición, diciembre de 2023.

Publicado por The Networking Studio

Corrección de estilo por Julio Ulises Gallardo Sánchez, Mutare, Procesos Editoriales y de Comunicación, jgallardo.mutare@gmail.com, https://mutare.mx

Diseño de interiores por Julieta Abregú, Editorial Nueva Andalucía, nuevaandalucia.com.ar

Diseño de portada por Martin Publishing Services

Codificación ePub por Editorial Nueva Andalucía, nuevaandalucia.com.ar

ISBN-979-8-9895536-1-7  (tapa blanda)

ISBN-979-8-9895536-0-0 (epub)

Library of Congress Control Number: 2023923228

Escuelas y empresas: *Networking para editores freelance* está disponible con descuentos para compras al por mayor para uso educativo, comercial, de ventas o promocional. Para obtener más información, póngase en contacto con sales@networkingforeditors.com.

*A todos los editores independientes para recordarles que no están solos y que el éxito siempre llega.*

# ÍNDICE

# PREFACIO

Es difícil creer cuánto ha cambiado la forma de hacer *networking* a lo largo de los años. Hubo un tiempo en que asistir a un evento de networking significaba ingresar a espacios pequeños con gente extraña (sosteniendo una bebida en una mano y tarjetas de visita en la otra), dominar el arte de la charla trivial y, la mayoría de las veces, sentirse rechazado o fuera de lugar. Estos eventos eran para los audaces y extrovertidos, no para los tímidos e introvertidos.

Pero a medida que las plataformas de redes sociales continúan creciendo y hemos tenido que adaptarnos al aumento de la comunicación en línea debido a la pandemia, la idea de construir redes ha adquirido un nuevo significado. Quedaron atrás los días en que viajar a un lugar físico era la única forma de conectarse con los demás. Ahora podemos hacerlo virtualmente, lo cual es una buena noticia, particularmente para los editores independientes. A diferencia de los empresarios de otros campos, los editores no siempre tienen la posibilidad o la voluntad de asistir a eventos de networking en persona. Aun así, por razones sociales y profesionales, necesitamos conectarnos con los demás. Pero ¿cómo podemos presentarnos con la mentalidad correcta? ¿Cómo dar ese primer paso?

Afortunadamente, Brittany Dowdle y Linda Ruggeri nos guían a través de este proceso en su nuevo libro: *Networking para editores freelance*, un valioso recurso para editores en cualquier etapa de sus carreras. Repleto de anécdotas personales, hojas de trabajo, recuadros y más, esta obra tiene un mensaje único: que, al retribuir a la comunidad editora, ya sea en un LISTSERV o en Slack, a través de un *retweet* o de un comentario, haremos conexiones, inmediatamente o en el futuro. Escrito con un tono cálido e inclusivo, *Networking para editores freelance* atraerá a todo tipo de editores, sin importar su ubicación o su tipo de personalidad. El consejo que Brittany y Linda proporcionan para hacer crecer una red o construir una desde cero es práctico y aplicable y se puede implementar de inmediato.

Por lo general, los editores alientan a los escritores a encontrar su voz para perfeccionar su oficio. Brittany y Linda recuerdan a los editores que encuentren su voz para construir sus redes. Como dicen, nuestra "voz es única y es una parte esencial de nuestra red, es nuestra firma". Y lo suscribo completamente.

SANGEETA MEHTA
Editora de contenido (ficción comercial)
Presidenta de la Iniciativa de Diversidad de la Editorial Freelancers Association

# INTRODUCCIÓN

Esta guía fue escrita para profesionales que se inician en el mundo de la edición, que comienzan a trabajar por su cuenta o que simplemente no están satisfechos con su actual red de contactos, ya sea porque no es una comunidad de apoyo o porque las oportunidades de trabajo que esperan aún no han llegado. Si eres un editor independiente bien establecido lo más probable es que hayas construido una red que satisfaga tus necesidades básicas, ¡y eso es muy bueno! Pero queremos ayudarte a ir más allá para que conviertas tu red en algo rico y dinámico, con recursos y oportunidades, con contactos sólidos y significativos. Creemos que en este libro encontrarás un enfoque creativo que te ayudará a construir nuevas relaciones profesionales y oportunidades de trabajo más remunerables.

El objetivo de esta obra es ayudarte a crear una práctica de networking que te funcione, que incorpore tus objetivos, tu estilo de comunicación, las actividades que disfrutas y las herramientas y los recursos que tienes disponibles hoy.

Aunque la creación de redes puede parecer una tarea difícil de manejar, y a veces abrumadora, vamos a mostrarte que construir la red que necesitas está completamente a tu alcance, con el tiempo y el espacio de los que dispones en la actualidad. Esa red será exclusivamente tuya porque estará basada en tus objetivos, tus fortalezas y tus actividades diarias.

Nuestro enfoque hacia la creación de redes es diferente del estilo fragmentado al que puedes estar acostumbrado: ese en el que te pones tu sombrero de "oficina" para trabajar, tu sombrero de "marketing" para comercializar tus servicios y tu sombrero de "networking" para hacer contactos. De acuerdo con nuestra experiencia como editoras independientes, la creación de redes efectivas significa todo: se trata de hacer *conexiones*. Esta idea se extiende más allá de simplemente conectarse con otras personas; significa reconocer cómo todo lo que haces como profesional independiente alimenta tu capacidad para establecer contactos de manera efectiva.

En este libro vamos a abordar aspectos de tu negocio que tradicionalmente podrían no ser considerados networking. Pero el hecho es que, en el mundo interconectado e integrado en las redes sociales de hoy, nadie de nosotros se conecta de forma aislada. No existe un sombrero específico de "networking". Por lo tanto, en lugar de tratar el networking como una actividad discreta, separada de tus actividades diarias, te mostraremos que las oportunidades para hacer contactos están a tu alrededor. Y puedes aprovechar esas actividades cotidianas para construir tu red de forma natural.

Es posible que hayas notado que no estamos haciendo una distinción entre la creación de redes con otros editores y la creación de redes con clientes potenciales. Efectivamente, hay una diferencia, pero antes de abordar ese tema queremos reconocer que, en gran medida, tus diferentes audiencias (clientes, colegas, colaboradores) se superpondrán y cada una tendrá acceso a la "personalidad" que muestras al mundo. Por lo tanto, es esencial abordar tu red a través de un lente ampliado de *marketing* en redes sociales, *marketing* de contenidos y *marketing* de sitios web, por lo que discutiremos estos temas más adelante, en el marco de las redes profesionales.

Para hacer un networking efectivo hoy en día debemos estar preparados para establecer conexiones. Y de eso se trata gran parte de esta obra: de adoptar un enfoque integral y holístico de nuestro trabajo (o pequeña empresa independiente) para crear relaciones y oportunidades. Para eso combinamos pasos prácticos con una mentalidad que se pregunta: *¿Cómo puedo contribuir?* Los pasos prácticos identifican *dónde* establecer contactos, y la mentalidad generosa, única para ti como editor independiente, te muestra *cómo* interactuar una vez que estés allí.

Según nuestra investigación y experiencia, este enfoque ha sido validado continuamente: la creación de redes efectivas se basa en relaciones auténticas. Y para construir relaciones tienes que dar de ti mismo, de tu sabiduría, de tu empatía, de tu entusiasmo, de tu experiencia. Tu mayor activo es que posees algo que los miembros de tu red necesitan (¡tú!), y al colocarte en espacios donde puedes interactuar con ellos, ya sea virtualmente o en la vida real, te das la oportunidad de conocer y ayudar a otros... Y también de ser conocido y ayudado.

# CÓMO UTILIZAR ESTE LIBRO

*Networking para editores freelance* se basa en un enfoque interactivo, paso a paso, y progresivo. Hay dos tipos de hojas de trabajo que usaremos a lo largo de este libro: las hojas de trabajo de autoevaluación y la hoja de networking trimestral, una herramienta para ayudarte a establecer objetivos e implementar tu plan de networking de manera práctica. Ya sea que estés leyendo esto como un ebook o como un libro físico, puedes seguir los enlaces proporcionados a lo largo del texto y descargar copias de las hojas de trabajo de nuestro sitio (www.networkingforeditors. com/resources).

Otra cosa más: consideramos que el término networking es intercambiable con el de "creación de redes" o el de "creación de redes de contacto", así que a lo largo del libro usaremos esos términos para referirnos a lo mismo.

Recomendamos imprimir las hojas y trabajar con ellas como borradores (con un lápiz o un bolígrafo de tinta borrable) antes de decidirte por un plan final de networking "tuyo".

Los pasos que abordaremos en los siguientes capítulos incluyen:

- Comprender qué es la creación de redes (networking) y por qué es valiosa

- Evaluar tu red actual e identificar oportunidades de crecimiento y expansión

- Determinar tus objetivos de networking y a quién necesitas alcanzar

- Explorar cinco tácticas de networking:
  - Sitio web
  - Comunicaciones personales
  - Redes sociales
  - Grupos profesionales
  - Voluntariado

- Descubrir tu estilo de networking

No importa si eres un editor, editor de líneas (line editor), editor de desarrollo (developmental editor), corrector (proofreader), consultor de manuscritos o autores (book/author coach), verificador de hechos (fact-checker) o proveedor de índices (indexer). Al final del día, nuestros principales objetivos de networking son los mismos: ser parte de una comunidad profesional de apoyo y conectarnos con clientes a los que podemos ayudar y de quienes podemos obtener una remuneración por ese servicio.

¿Estás listo para encontrar oportunidades de networking en tu vida cotidiana? ¿Crear un plan sostenible con el que puedas quedarte? ¡Prepárate! Tu primer paso para establecer contactos podría consistir en tomar un café en tu cafetería local para intercambiar ideas con un colega editor. O asistir a una reunión o encuentro de una asociación editorial en persona o por videollamada. Tal vez seas un blogger invitado a publicar en el sitio web de otra persona, o quizás escribas tus propios artículos temáticos en LinkedIn. Las opciones son infinitas. Ese es un hecho inspirador y aterrador. Lo importante es que comiences a hacer lo que sea cómodo para ti (pongo énfasis en la palabra *comiences*). Este libro de trabajo es tu guía para lograr objetivos tangibles aprovechando al máximo tu zona de confort y desafiándote gradualmente a ti mismo en lo que sientas que es tu zona de crecimiento.

¡Puedes hacerlo!

¡Y estaremos contigo en cada paso del camino!

# CONOCIÉNDONOS

Antes de comenzar a conectarnos con otros necesitamos saber *cómo describirnos como profesionales* y *cómo enmarcar nuestros servicios*. Permítenos contarte un poco sobre nosotras. Luego puedes compartir tu "discurso de ascensor" (elevator pitch) utilizando la siguiente guía.

### Brittany Dowdle

Mi nombre es Brittany Dowdle y soy editora independiente (freelance editor) de manuscritos. Me especializo en ficción y no ficción creativa (creative nonfiction). Desde mi casa en las montañas del norte de Georgia trabajo para casas editoriales grandes como Macmillan y Kensington, y para autores y casas editoriales independientes. Mis pronombres son ella/la.

### Linda Ruggeri

Mi nombre es Linda Ruggeri y soy una editora de no ficción de tiempo completo, con residencia en Los Ángeles. Me especializo en edición de desarrollo, edición de línea y consultoría para autores y editores, y para escritores que quieren autopublicar. Trabajo con autores nuevos, autores experimentados y casas editoriales como Hachette, Penguin Random House, Quarto y editoriales independientes. Mis pronombres son ella/la.

### Tú

Ahora cuéntanos sobre ti.

Mi nombre es _____

y soy un/a editor/a _____ especializado/a en _____.

Trabajo con _____.

*(tipos                                    de                                    clientes)*

Vivo en _____, y mis pronombres son _____.

Estoy listo/a para expandir mi red, ayudar a otros y hacer crecer mi pequeña empresa.

Mis objetivos al leer este libro son _____

_____

_____ .

Ahora podemos decir: "¡Qué lindo conocerte!"

¡Esperamos emprender este viaje de networking juntos!

# PARTE 1

# REIMAGINANDO NUESTRAS CONEXIONES

La verdad es que has hecho networking toda tu vida con diferentes grados de éxito. Todos lo hemos hecho. Lo que va a cambiar hoy es *cómo* consideras las conexiones. Juntos vamos a reimaginar el networking.

# CAPÍTULO 1
# CONEXIONES ACTUALES

*El networking está en todas partes. La creación de redes exitosas requiere comprender el inmenso poder de las actividades diarias para conectarse con otra persona.*

—J. KELLY HOEY, BUILD YOUR DREAM NETWORK

Seamos francas. Muchas de nosotras llegamos al networking con una sensación de temor. Lo pensamos como transaccional y potencialmente incómodo. Aunque durante años nos han dicho que la creación de redes profesionales es fundamental para nuestro éxito, gran parte de lo que sabemos al respecto proviene del mundo empresarial tradicional, con sus organigramas claramente delineados y segmentados y trayectorias profesionales claras. Mientras tanto, como profesionales independientes estamos en un entorno de "Crea tu propia carrera". Nuestras necesidades son diferentes. Nuestros desafíos son muchos. Y a menudo carecemos de acceso a la infraestructura de apoyo de un lugar de trabajo "normal", con su camaradería, sus oportunidades de tutoría y sus procesos de capacitación y reconocimiento incorporados.

Cuando estamos sentados (o de pie) en nuestros escritorios, tratando de encontrar a los clientes adecuados, el networking productivo puede parecer algo que está fuera de nuestro alcance. Pero hemos descubierto que, como profesionales independientes, estamos en una posición única para establecer contactos de una manera integrada y personalizada, una que se adapte a las realidades de nuestro mundo online y offline. Sólo tenemos que cambiar nuestra perspectiva y hacer un uso intencional de las herramientas que tenemos a nuestra disposición.

## ¿QUÉ ES EL NETWORKING?

En esencia, **el networking es un comportamiento que construye una red de relaciones mutuamente beneficiosas**. Como la mayoría de las relaciones, nuestra red se construye con el tiempo, a través de interacciones cotidianas, como ser confiable, escuchar, tener en cuenta las necesidades de los demás y brindar apoyo o aliento. Estas pequeñas acciones revelan el carácter, construyen conexiones y crean un espacio para que nos conozcamos. Y a medida que nuestras relaciones crecen nos encontramos en una comunidad entrelazada que nos apoya y nos da oportunidades para apoyar a los demás.

Cuando nos acercamos al networking de esta manera nos damos cuenta de que las oportunidades para la creación de redes están a nuestro alrededor. Más adelante en este libro de trabajo profundizaremos sobre qué actividades "cuentan" como redes; pero, para empezar, apliquemos nuestra definición de redes a las siguientes actividades y consideremos cómo se miden.

La creación de redes implica...

- ofrecer ideas con amabilidad y tacto,
- ayudar a los clientes a conectarse con otros editores si uno no puede ayudarlos,
- mantener un contacto (a largo plazo) con colegas y clientes,
- responder a las preguntas de nuevos editores o escritores,
- enviar a clientes (nuevos o viejos) contenido relacionado con sus especialidades de escritura,
- compartir información de concursos literarios, premios o convocatorias a nuestros clientes autores, y
- compartir recursos, noticias relevantes u oportunidades de trabajo con colegas editores.

En otras palabras, la creación de redes implica construir relaciones profesionales duraderas al compartir recursos, experiencia y apoyo.

La creación de redes no significa...

- intercambiar tarjetas de visita y luego tirarlas en un cajón;
- despotricar en foros;
- ofrecer correcciones gramaticales no solicitadas;
- usar el conocimiento propio para menospreciar a otros;
- pedir a otros sus listas de clientes;
- recopilar conexiones aleatorias de LinkedIn;
- esperar un reembolso directo y tangible por la ayuda que proporciones o las referencias que hagas; o
- "comentar con emoji", es decir, compartir un "me gusta" al por mayor sin comentar y participar.

En otras palabras, la creación de redes no es transaccional, impersonal, autoengrandecedora o sin rumbo.

Si tu idea de establecer contactos se alinea con la primera lista, entonces has tenido un gran comienzo. Pero si las actividades en la lista "La creación de redes no significa…" se parecen al tipo de networking con el que estás familiarizado, no te preocupes. El networking no es algo que aprendimos en la escuela o en la universidad. Puede variar ampliamente según la cultura, la ubicación y la industria. Entonces, aprovechemos esta oportunidad para replantear nuestros pensamientos en torno del networking y explorar cómo establecer redes en el campo del mundo editorial.

Agregaremos una aclaración importante aquí: nuestro enfoque de networking se centra en lo positivo y en la retribución. ¿Por qué? Porque según nuestra experiencia éste es el tipo de networking que tiene los mejores resultados, tanto en términos de éxito tangible (a menudo medido en las relaciones con los clientes) como en el desarrollo de un sistema de apoyo profesional. La creación de redes no sólo hace crecer nuestro negocio; también establece relaciones de trabajo de por vida y aumenta nuestros ingresos. Asimismo, puede proporcionarnos apoyo emocional y darnos oportunidades para socializar con personas de ideas afines.

## Comportamientos del networking

Las oportunidades de networking se presentan de muchas formas. Y si bien es posible que algunos comportamientos caigan directamente en la categoría de "no networking" (te estamos mirando a ti editor que corriges la gramática de los demás en Facebook), también es posible que una actividad sea "networking" o "no networking", dependiendo de si nos involucramos en ella con la mentalidad de conectarnos con otros con intencionalidad o simplemente lo hacemos en piloto automático.

Es importante usar la definición de "comportamiento que construye una red de relaciones mutuamente beneficiosas" para probar si vale la pena invertir en actividades como parte de una estrategia de networking. Enmarcar esto como una pregunta simple nos mantiene conscientes de nuestro propósito, para que no nos sintamos abrumados o desviados de nuestro objetivo.

El siguiente paso es elaborar un mapa mental básico de redes, o diagrama visual, con algunas actividades cotidianas. A medida que avancemos en la lectura de los siguientes capítulos exploraremos estas actividades y explicaremos cómo nos sirven como puntos para establecer contactos. Por ahora, revisa el siguiente ejemplo de mapa conceptual y pregúntate sobre cada actividad: *¿Cómo puede este comportamiento ayudarme a construir una red de relaciones mutuamente beneficiosas?* Si la conexión aún no está clara, está bien. ¡Todavía tenemos mucho que discutir!

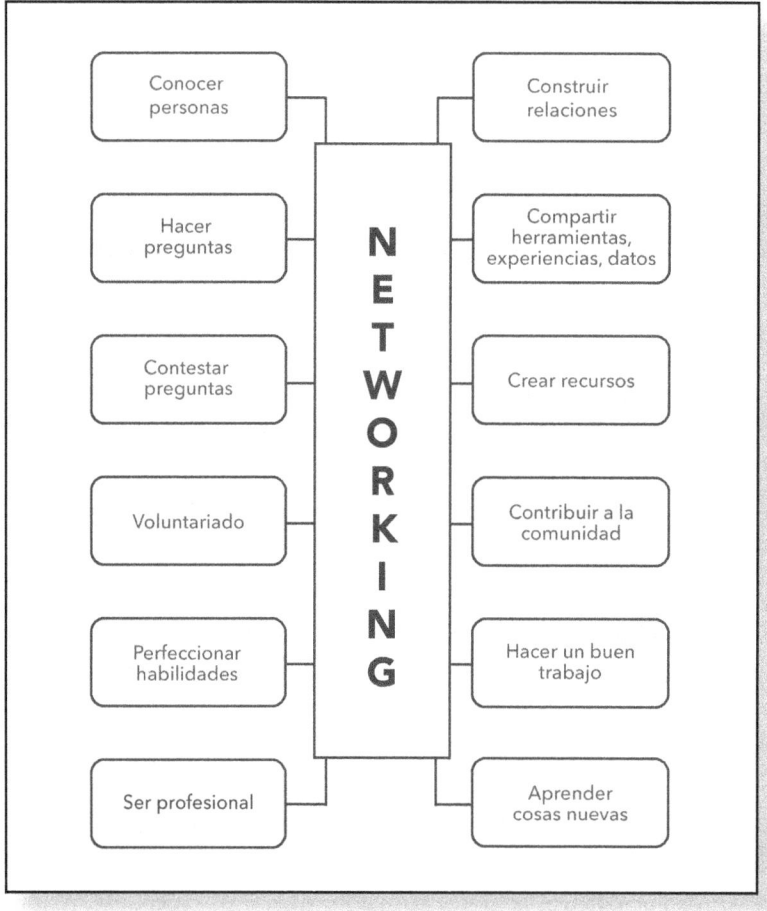

*Ejemplo de mapa conceptual de redes con posibles actividades de networking.*

Ahora usa el siguiente mapa conceptual en blanco para anotar las actividades que crees que podrían ser parte de tu plan de networking. Para cada actividad, hazte la pregunta: *¿Cómo puede este comportamiento ayudarme a construir una red de relaciones mutuamente beneficiosas?* Si aún no tienes buenas respuestas, no te preocupes. Lo importante aquí es abrir nuestras mentes a las posibilidades de qué comportamientos y qué actividades pueden servirle a nuestra red en la actualidad, en oposición a la vieja fórmula que usábamos antes. Una vez que hayas llenado al menos seis espacios, deja el mapa conceptual a un lado.

*Practica el mapa conceptual de redes agregando posibles actividades de networking.*

En los siguientes capítulos exploraremos cómo funcionan estas (y otras) actividades en un marco de red.

*El altruismo, los buenos modales y la amabilidad siempre dan frutos.*

—LINDA RUGGERI

## LA PERSPECTIVA DE UN EDITOR

Una de las cosas que debemos reconocer es que el networking puede ser incómodo para muchos de nosotros. Sé que es para mí. Comienza poco a poco, no tienes que saltar directamente y asistir a eventos de networking desde el principio, y utiliza las redes sociales a tu favor, especialmente sitios como LinkedIn. Las redes sociales han hecho que sea mucho más fácil establecer contactos porque, como introvertida que soy, no me gusta hacer networking en persona. A través de las redes sociales puedo verificar cómo le está yendo a la gente y enviar notas rápidas para saludarla o felicitarla por un nuevo trabajo o una nueva publicación.

**—ADAOBI OBI TULTON,** SERENDIPITY23 EDITORIAL SERVICES

# CAPÍTULO 2
# COMPRENDIENDO TU NETWORK

*Para obtener lo mejor debes rodearte de las personas más sobresalientes, cordiales y serviciales.*

—RICK FRISHMAN y JILL LUBLIN, NETWORKING MAGIC

Al momento de escribir este libro casi hemos superado tres años extremadamente difíciles bajo una larga y difícil pandemia global que nos ha obligado a detenernos, a refugiarnos, a esperar, a esperar aún más, y a actuar conscientemente no sólo por el bien de nuestras propias vidas, sino también por el bien de las vidas de los demás.

Para mantenernos a flote, muchos de nosotros hemos tenido que acercarnos y depender de nuevas personas, así como estar más presentes con las personas más cercanas a nosotros. Hemos descubierto nuevas formas de trabajar, de adaptarnos, de relacionarnos y de cómo seguir adelante. Hemos construido nuevas relaciones sociales sin saberlo, reforzado otras redes que habíamos olvidado y apreciado mucho más a aquellas redes sin las cuales no podemos vivir. Pero también hemos dejado de lado las redes que ya no nos servían, y eso también es algo bueno.

¿Quiénes son esas personas de las que nos rodeamos en nuestra vida diaria (en persona o virtualmente)? ¿Cómo nos relacionamos con ellas? ¿Cómo nos apoyamos mutuamente y por qué es importante hacerlo así? En este capítulo vamos a examinar estas conexiones y a entender cómo aportan valor a nuestras vidas como editores independientes.

## LOS DOS NETWORKS

Como explica J. Kelly Hoey en su libro *Build Your Dream Network (Crea el network de tus sueños)*, hay dos tipos de networks y necesitamos ambos para tener éxito.

## *La red pequeña y confiable*

Cuando el mundo entero se abre a través de internet, y cuando muchas conferencias editoriales son posibles en virtud de estar en línea y, por lo tanto, son más accesibles que la asistencia en persona, puede parecer que nuestra red potencial es... todos en el planeta. Particularmente para los freelancers que apenas están comenzando, hay un fuerte deseo de conectarse con *cualquier persona* que pueda ayudarnos a lo largo de nuestra carrera. Pero no importa dónde estemos en nuestro viaje, todos necesitamos un espacio seguro primario en el que podamos compartir nuestras experiencias, tanto positivas como negativas, y aprender de ellas. Muy a menudo este entorno de apoyo no se encuentra en las junglas del ciberespacio.

En la práctica diaria creamos este lugar seguro mediante la construcción de una red social pequeña y confiable. Piénsalo como una base de operaciones de networking. Esta red cercana generalmente consiste en algunas personas a las que podemos acudir con preguntas y dudas. Allí discutimos los desafíos laborales, compartimos victorias, referimos clientes y ofrecemos apoyo. Los comentarios que recibimos aquí realmente cuentan porque provienen de compañeros en los que confiamos y a los que admiramos, de mentores y colegas que tienen nuestros mejores intereses en el corazón. Estas son las personas a las que acudimos con preguntas que podríamos sentirnos incómodos haciendo en un grupo grande, como en una lista de discusión internacional o en un grupo de editores de Facebook.

Esta red pequeña y confiable es un lugar en el que podemos ser vulnerables, donde hay un buen equilibrio entre dar y recibir. De acuerdo con nuestra experiencia, los colegas que se encuentran en lugares similares en sus carreras a menudo son los más adecuados para esta red porque están lidiando con problemas semejantes y están comprometidos en resolver los desafíos que surgen en esa etapa específica de una carrera independiente. Pero también es muy bueno tener algunas conexiones más experimentadas en la red pequeña y confiable, porque pueden actuar como mentores y guías. A su vez, a medida que ganamos experiencia actuamos como mentores para los colegas más nuevos. **Si eres un editor principiante o nuevo en el trabajo freelance comienza a trabajar primero en la construcción de la red cercana.**

En la red pequeña y cercana tenemos la oportunidad de obtener un nivel más profundo de compromiso y reciprocidad para que podamos hacer las preguntas difíciles o proporcionar la retroalimentación dura (de manera amable). Nuestra pequeña red profesional es como un grupo de amigos (un lugar de confianza, de fiabilidad, de escucha), pero siempre estará relacionada exclusivamente con nuestro trabajo como editor (o indexador, verificador de permisos, escritor, corrector de pruebas o diseñador gráfico). Dicho esto, en esta red es probable que vayamos más allá de las interacciones habituales de nivel profesional, apoyándonos mutuamente de la misma manera que cuidaríamos a nuestros amigos: consultando con ellos, enviándoles una nota o un mensaje ocasional y celebrando sus éxitos. Suena mucho a amistad,

¿verdad? Pero no lo es necesariamente (aunque algunas personas en esta red también pueden llegar a ser amigos).

Entonces, ¿cómo construimos esa red pequeña y cercana?

Al igual que con las redes sociales en general, lleva tiempo construir relaciones. Los lugares para comenzar a conectarse con otros profesionales del mundo editorial son asociaciones como la Sociedad General de Autores y Editores, ACES: The Society for Editing, el Chartered Institute of Editing and Proofreading (CIEP), la Editorial Freelancers Association (EFA) y Editors Canada, así como también grupos de Facebook (el grupo de Louise Harnby Training for Editors & Proofreaders, o el grupo de desarrollo profesional para editores).

No tengas miedo de acercarte a las personas cuyos posts o publicaciones sean positivas y amigables, y preséntate. En particular, concéntrate en las personas que comparten tu especialización de edición (ya sea contenido o tipo de edición) o que están haciendo (o proporcionando respuestas útiles a) las preguntas que son más apremiantes en tu trabajo. Las relaciones profesionales y las amistades gratificantes a menudo comienzan con la decisión de acercarse.

Otra excelente manera de conectarte con editores que se encuentran en lugares similares a tu carrera como freelancer es tomar clases (en persona o en línea) y conocer a otros estudiantes. Si bien esto es un poco más difícil para las clases asincrónicas (pero aún se puede hacer), hemos descubierto que las clases que tienen un componente de discusión grupal son muy buenas oportunidades para expandir y profundizar nuestras redes. La productividad del espacio de discusión a menudo depende de qué tan bien el instructor establezca el tono y guíe la conversación, así que no te rindas si una clase no promueve tus objetivos de networking. (Aquí daremos un saludo a Susannah Noel del Editorial Arts Academy y a Lourdes Venard, cuyas habilidades para construir una comunidad hacen que sus clases sean excelentes lugares para aprender y construir relaciones.)

Una vez que comiences a construir relaciones bidireccionales de confianza con editores individuales es posible que descubras que se comparte tanto conocimiento y apoyo entre los participantes que quieras comenzar a conectar a los miembros de tu red entre sí. (Recuerda, sólo porque es una red pequeña no significa que todos los miembros se conozcan entre sí; sólo significa que tú los conoces porque están en su red.) Y aquí está lo mejor de este enfoque de la creación de redes: difunde los beneficios y construye comunidad, en lugar de acumularlos y reforzar el aislamiento. Una vez que llegues a este punto en tu viaje de networking puedes estar listo para considerar formar un grupo de "mentes maestras" (mastermind group), esto es, un grupo cooperativo de compañeros que se unen para crecer, aprender y apoyarse. Si esto te suena enigmático, echa un vistazo a la siguiente sección para obtener más datos sobre los grupos de mentes maestras y cómo crear el tuyo. Otra opción para los que prefieren un enfoque individual es buscar un colega con el que tengan una relación y convertirse en socios de responsabilidad.

## Grupos de mentes maestras (mastermind groups)

Un grupo de mentes maestras es un conjunto de personas confiables que comparten objetivos profesionales similares y trabajan juntos para apoyarse mutuamente y alcanzar esos objetivos. Los grupos de mentes maestras proporcionan responsabilidad entre pares, apoyo, recursos compartidos, inspiración, educación, networking y mucho más. Las ventajas de pertenecer a un grupo de mentes maestras son muchas: es un grupo cerrado, es un lugar seguro para desarrollar relaciones duraderas basadas en la confianza, y está formado por colegas en los que puedes confiar cuando tienes preguntas y dudas, o necesitas ayuda para encontrar recursos.

Por ejemplo, nuestro mastermind comenzó de manera bastante orgánica, ¡y definitivamente fue resultado de una buena red social! En 2019, en la ciudad de Chicago, Linda compartió una habitación con su colega, la editora Kellie M. Hultgren (a quien no había conocido antes) mientras participaban en una conferencia para editores. Una de las presentadoras en la conferencia habló sobre su participación en un grupo mastermind, lo que despertó la curiosidad de Linda. Se lo mencionó a Kellie, quien una vez había tratado de participar en uno y no había podido hacerlo por falta de tiempo, pero tenía la documentación acerca de cómo comenzar uno. Linda lo discutió con Brittany para ver si quería ser parte del grupo, y ésta dijo que sí. Entonces Kellie le preguntó a Madeleine Vasaly, una colega de la Professional Editors Network (PEN). Y aquí estamos, más de cuatro años después, reuniéndonos todavía, trabajando en pos de nuestros objetivos, y con pequeñas empresas más fuertes y vidas profesionales mucho más satisfactorias.

A través de nuestro grupo de mentes maestras hemos aprendido mucho unas de las otras. Sobre todo, hemos ganado confianza en nosotras mismas como editoras. Confianza sobre cuándo y cómo decir no a un cliente cuando el marco de tiempo, el pago o el proyecto no nos conviene. Confianza sobre cuándo y cómo aumentar nuestras tarifas. O cuándo solicitar ese proyecto soñado para el que no creemos que seamos lo suficientemente buenas (rechazando nuestro síndrome del impostor). Este grupo de mentes maestras nos ha enseñado a cada una por qué valemos la pena.

Hay muchos libros y sitios web que contienen sugerencias sobre cómo iniciar un grupo exitoso de mentes maestras; como referencia, hemos enumerado algunos en el apéndice E.

Según nuestra experiencia, al configurar un grupo mastermind para editores independientes es mejor:

1. Mantenerlo pequeño. De esta manera, cada tema en el que están trabajando se puede discutir adecuadamente, y cada participante tiene tiempo para compartir, así como también dar feedback o hacer preguntas. (En el nuestro somos sólo cuatro personas.)

2. Mantener las reuniones organizadas. Utiliza una agenda de reunión preestablecida para cada encuentro (con el objetivo de que se conserve el camino del grupo) con un tiempo estimado para dedicar a cada punto. (Para obtener ideas sobre la estructura de la agenda de reunión, véase el final de esta sección.)

3. Ser flexibles. No hay reglas establecidas, sólo las que se fijan como grupo. Elijan los temas de la reunión de acuerdo con lo que funciona para *su* grupo y lo que todos están interesados en lograr por sí mismos. Cambien, salten o muevan las agendas como mejor les parezca, dependiendo de las necesidades del grupo.

4. Establecer límites de tiempo. Otros grupos mastermind que conocemos organizan reuniones que generalmente duran de una a dos horas por sesión y se llevan a cabo cada dos o tres semanas. Esto permite a todos los participantes el tiempo suficiente para seguir adelante con los objetivos en los que están trabajando o para investigar un tema de discusión que puedan compartir con el grupo.

5. Recordar que no es una amistad (aunque puede convertirse en una). No tienes que ser amigo ni conocer a todos en tu grupo cuando comiences. La idea es rodearte de editores que tengan perspectivas y experiencias diferentes a las tuyas, para que puedas aprender cómo trabajan los demás, qué funciona para ellos, qué herramientas usan, cómo es su experiencia, cuáles son sus altibajos y cómo los superan. La perspectiva que obtienes de los demás te ayudará a abordar tus propios desafíos laborales con nuevos conocimientos. También puede ayudarte a desconectarte del estrés de estar envuelto en tu propia cabeza.

6. Comprometerse. Debes comprometerte a presentarte, para el grupo, para el trabajo, para ti mismo. Está bien si tienes que faltar a una reunión (aunque a menudo el grupo puede optar por reprogramarla), pero haz de ese tiempo de grupo una prioridad. Recuerda que es tiempo fuera del trabajo que tiene el potencial de producirte ingresos, así que haz que valga la pena.

7. Limitar el intercambio de información de la vida privada. Somos editores independientes que trabajamos mucho, que tenemos familias y responsabilidades, y se espera que la vida se interponga en el camino. Un grupo mastermind puede convertirse en un espacio seguro para compartir problemas difíciles que puedes estar enfrentando en el trabajo y, a veces, también en tu vida personal. Pero ten cuidado de no compartir en exceso ni dedicar demasiado tiempo desahogándote de tus problemas personales. Éste no es el lugar, y estas no son las personas para ese propósito. Sí, están aquí para apoyarte, pero, a menos que específicamente pidan saber más, a menudo es una buena idea mantener los asuntos personales en privado. A medida que el grupo crece y sus integrantes se conocen más, puede haber más espacio para compartir los asuntos personales. (Nota: no estamos sugiriendo que nadie se abstenga de compartir por temor al estigma o debido a la autocensura; más bien, según nuestra experiencia, es importante cultivar espacios seguros para compartir temas personales, y esa no es

necesariamente la función de un grupo mastermind. Consulta nuestra lista de enlaces de recursos de autocuidado en el apéndice E.)

8.  Ser buenos oyentes. Sean conscientes. Sean de mente abierta, comprensiva y alentadora. Y aléjate si el grupo no es para ti o para este momento de tu vida. Puedes salir de un grupo con gracia, con gratitud y buena voluntad. No hay nada de malo en darse cuenta de que no es una buena opción. Honrar tus propios límites y aprender cuándo decir no son actitudes importantes de la creación de redes sociales exitosas (y del trabajo independiente). No puedes decir que sí a todos los caminos, pues tratar de hacerlo con frecuencia conduce a la frustración.

Cuando comienzas a participar en un grupo de mentes maestras es bueno que cada miembro haga un "inventario" (una foto instantánea del lugar en el que cada uno se encuentra en su empresa, similar a nuestra hoja de trabajo de networking trimestral) e indiquen dónde quieren estar al finalizar el año. Los miembros comparten esta información con el grupo y cada uno diseña los pasos individuales a seguir (acciones específicas) que contribuirán al logro de cada objetivo. Una vez que todos hayan establecido sus metas y sus pasos/estrategias intermedias, el grupo puede programar revisiones periódicas trimestrales (o semanales o mensuales) de metas mediante las cuales todos hacen un "check-in" de dónde están en ese momento y comparten lo que han logrado hasta ahora y lo que todavía tienen en sus listas de tareas pendientes.

Aunque todo esto suena como un proceso simplificado, dependiendo de cuánto tiempo tenga el grupo y del enfoque que más tenga sentido para sus miembros, es posible que gran parte de la autoevaluación temprana, el establecimiento de metas y la elaboración de estrategias se realicen como grupo, con muchas idas y venidas, y oportunidades para dar y recibir comentarios. Esto es particularmente útil para los editores más nuevos. Otros grupos de mentes maestras pueden tener miembros más experimentados que se fijan en sus objetivos y en sus próximos pasos y que realmente sólo necesitan "socios de responsabilidad." Discutir y establecer expectativas antes de embarcarse en el viaje de un grupo mastermind ayudará a todos a estar en la misma línea y a asegurarse de que sus estilos de comunicación y aprendizaje sean los adecuados para el grupo.

El siguiente es un ejemplo de cómo se ve nuestra agenda de reuniones:

1.  Novedades o éxitos desde la última reunión
2.  Progreso sobre los objetivos de la última reunión
3.  Discusión del tema de la semana (por ejemplo, tres objetivos de máxima prioridad, o una revisión del software de gestión de proyectos que utilizamos, o seminarios web que estamos tomando o libros que estamos leyendo para la educación continua)
4.  Pedidos de respaldo (por ejemplo, solicitar apoyo o hacer un "reality check")
5.  Establecer la hora y el día de la próxima reunión.

## LA PERSPECTIVA DE LINDA

Nuestro grupo mastermind ha sido invaluable para ayudarnos a crecer como editoras y dueñas de pequeñas empresas. En un momento de una de nuestras reuniones compartí que estaba luchando con un cliente que no se comunicaba claramente y siempre cambiaba de opinión, moviendo la fecha de publicación del libro cada vez más adelante, lo que no me permitía tomar o agendar otros proyectos. Pero pagaba a tiempo y pagaba lo que yo le cobraba. Al final, el proyecto se completó, el libro se publicó, y eso fue todo. Pero cuatro meses después el autor me contactó de nuevo para realizar otro proyecto. Y lo consideré.

Consulté con mi grupo mastermind, compartiendo mis dudas, y cada una de sus integrantes me recordó todas las cosas de las que me había quejado cuando trabajé en el primer proyecto y el dolor de cabeza que había representado. Sabiamente, me dijeron que si tomaba ese trabajo, me impediría aceptar otros proyectos en los que me gustaría colaborar. Me recordaron lo poco confiable que era el autor acerca de entregar su mejor trabajo, y cómo, la mayoría de las veces, no escuchaba los consejos editoriales que le ofrecía. ¿Realmente valía la pena comprometer mi salud emocional y mi tiempo?

Mis colegas tenían razón. Confié en su opinión y supe que si me estaban diciendo eso era porque me habían visto en medio de esa experiencia y sabían la frustración que había sentido. Sabían que podía tomar un trabajo mejor que ése. Terminé "alejándome con gracia" del proyecto y dándole al autor los enlaces a tres directorios editoriales donde podía encontrar a otro editor calificado. Es más, cuando dejé a ese cliente, continuaron llegando otros trabajos y pude concentrar mi atención en el tipo de edición que quería hacer. Lección: necesité esa pequeña red de personas para escucharme a mí misma y para demostrarme que tenía otras opciones.

## La red amplia y dispersa

Si nuestra red pequeña y confiable nos proporciona profundidad y sustancia, la red amplia y dispersa nos ofrece alcance. Habrá superposición entre nuestras redes pequeñas y amplias, pero podemos distinguirlas centrándonos en la forma como interactuaremos con cada grupo y en el tipo de beneficios que daremos, y potencialmente recibiremos, dependiendo de la naturaleza de la red. Éstas son algunas metáforas que nos ayudarán a visualizar cómo funcionan estas dos redes.

Por ejemplo:

- La pequeña red es un arrecife de coral; la red amplia es todo el océano Pacífico.
- La pequeña red es un sistema solar; la red amplia es el Universo.
- La pequeña red es la familia inmediata; la red amplia son los familiares políticos.

¿Puedes agregar una metáfora que te ayude a conceptualizar cómo funcionan estas redes y tu lugar en ellas?

Esta red ampliada está integrada por personas que sólo conocemos en línea: personas a las que seguimos y con las que interactuamos en un nivel más amplio y menos personal (compañeros en una lista de discusión, un experto que acabamos de encontrar en Instagram sobre un tema particular, un autor prominente en Facebook, un editor de adquisiciones en YouTube). Podemos relacionarnos con ellos porque compartimos objetivos comunes y estamos en una industria similar (o en industrias que se complementan entre sí), pero no conocemos a la persona en la vida real y no hemos tenido una comunicación extensa con ella en línea.

Esta red poco conectada está conformada por individuos y comunidades con los que interactuamos sin ser particularmente íntimos o vulnerables; es una red amplia de contactos diversos. Sí, son más superficiales al principio, porque aún no hemos desarrollado relaciones, pero enriquecen nuestra perspectiva y también nos dan la oportunidad de establecer conexiones más allá de nuestras relaciones cotidianas. A medida que conozcamos a los miembros de esta red amplia buscaremos oportunidades para profundizar nuestros intercambios y tal vez encontrarnos en conferencias, para tomar un café o en otro tipo de reuniones. Y si estamos haciendo networking con el objetivo de ganar nuevos clientes (no todos buscamos eso), *cuantas más personas sepan que somos editores, mejor.*

Esta red extendida es un lugar perfecto para aprender y también para enseñar (en otras palabras, para compartir nuestro conocimiento y construir nuestra reputación basada en nuestra experiencia y nuestra accesibilidad). Si bien nuestra red cercana consiste principalmente en personas con las que tenemos mucho en común, a la red amplia vamos para expandir nuestros límites o investigar temas que están más allá de la perspectiva de nuestra red inmediata. Así como ser editor freelance puede ser aislante, a veces la comunidad editorial puede ser insular.

Alcanzar a personas o lugares que están más allá de nuestras fuentes habituales de información nos ayuda a mantenernos informados, a conservar una mente abierta y a ser inclusivos. Y para un profesional independiente estas cualidades son fundamentales para el éxito.

## LA PERSPECTIVA DE UN EDITOR

Networking me parecía algo innecesario por la relativa seguridad de un trabajo de tiempo completo para una editorial en México. Pero los trabajos no duran para siempre, y las prioridades personales cambian: organizar tu agenda, ser tu propio jefe, dedicar más tiempo a las cosas que te importan y, sí, comenzar desde cero cuando una pandemia devasta la economía y elimina los negocios "no esenciales". Mi búsqueda de nuevos horizontes en Estados Unidos, un mercado con sesenta millones de hispanohablantes, me llevó a varias asociaciones de editores profesionales, y como miembro internacional de la Editorial Freelancers Association descubrí el valor del networking: compartir experiencias, conocimientos y proyectos con otros editores. Sin ser un editor independiente de tiempo completo todavía, me di cuenta de la importancia de salir de la zona de confort de un empleado de tiempo completo.

—LUIS ARTURO PELAYO, SPANISH TO MOVE

## PERSPECTIVAS: NOTAS SOBRE NUESTRO PÚBLICO

Como mencionamos antes, en gran parte de este libro de trabajo no hacemos una distinción entre la creación de redes con colegas editoriales y la creación de redes con clientes potenciales. Especialmente hoy en día, muchas de nuestras interacciones son públicas, o están disponibles públicamente, y dirigirse a públicos o clientes particulares con mensajes específicos puede ser difícil. Hay mucha superposición y es muy importante presentar un branding, o marca cohesiva, independientemente de nuestro público.

Por esta razón recomendamos que los editores sean cautelosos con la forma en que se presentan y cómo hablan de clientes, competidores y compañeros en espacios virtuales y en la vida real. Hay lugares y momentos que son apropiados para desahogarse o para compartir información potencialmente delicada, como un espacio seguro con colegas cercanos y de confianza. Pero recuerda que el mundo en general no es un espacio seguro. Hay trolls y otros que juzgarán duramente y acosarán libremente sólo porque pueden hacerlo, porque alimenta los instintos menos agradables de la naturaleza humana. Y hay clientes potenciales que no necesitan conocer las circunstancias particulares de la vida de su editor, a menos que el editor elija compartir esa información con ellos. Nuestro punto aquí es: sé intencional sobre lo que compartes. Y ten en cuenta que el público que tienes previsto no siempre es el mismo que el público real.

Entender qué tan abiertos y qué privados debemos ser cuando estamos online, especialmente como profesionales independientes, puede ser una decisión difícil y personal. Lo que funciona para algunos de nosotros no funcionará para otros, por lo cual no vamos a ofrecer recomendaciones específicas más allá de lo que ya hemos dicho. (Pero para una discusión interesante sobre cómo encontrar tu propio equilibrio, lee el artículo "¿Demasiada información, o no suficiente?", de Liz Jones, de Responsive Editing. Véase el apéndice E.)

Otra consideración con respecto a nuestro público es decidir qué información y qué asistencia podemos regalar sin cobrar (como cuando se asesora a un principiante o se ayuda a un miembro de nuestra red cercana) y qué constituye un trabajo facturable. Como con casi todo el trabajo freelance, ésta es una decisión personal de negocios. Como parte de nuestra mentalidad comunitaria a menudo pasamos una buena cantidad de tiempo ayudando a nuestros compañeros (con currículums, identificando cómo tratar con clientes difíciles, investigando preguntas técnicas, etcétera), pero hemos descubierto que cuando se trata de clientes a menudo es aconsejable ser específicos con los límites, especialmente en lo que respecta al alcance del proyecto y a la compensación justa. En cada caso, independientemente de quién sea nuestro público, es importante recordar que la construcción de relaciones es la base de la creación de redes, y para construir relaciones reales es necesario ser honesto, establecer expectativas y mantener límites saludables.

# LA PERSPECTIVA DE BRITTANY

En nuestra vida cotidiana puede ser fácil categorizar las relaciones y las redes (estos son mis vecinos, estos son mis clientes, estos son mis colegas editores, estos son mis amigos de mi ciudad natal, estos son mis compañeros voluntarios de la asociación de rescate de gatos, estos son mis amigos de coro, etcétera). Las divisiones mentales como éstas a menudo son naturales porque nos gusta subdividir la información y agrupar a las personas/cosas de acuerdo con sus similitudes. Está bien. Pero es importante recordar que el hecho de que alguien no esté en nuestro grupo de "clientes" hoy no significa que no sea un cliente potencial mañana.

Algunos de mis proyectos más gratificantes han llegado a través de personas de mi red extendida que me conocían, estaban al tanto de mi ética de trabajo y sabían que yo era editora. Me presentaron a sus amigos (y a sus empleadores) confiando en que los ayudaría, si podía, o al menos les señalaría un camino útil si no nos compenetrábamos bien.

La conclusión es que tienes un gran potencial de red de personas que te conocen. Asegúrate de que ellas también sepan lo que haces. Cuando menciones tu trabajo, deja que tu entusiasmo se manifieste, habla bien de tus clientes, comparte tus éxitos. No necesitas hacer una propaganda persistente de lo que haces, pero enorgullécete de tu trabajo y menciónalo cuando la gente te pregunte qué estás haciendo o qué hay de nuevo. Haz que sea fácil para tu red extendida recordar que tienen un amigo en el mundo editorial: ¡tú!

## EVALÚA TU RED ACTUAL

¿Cómo decidimos dónde encontrar nuestras conexiones extendidas? Eso lo abordamos en el capítulo 3, "Objetivos de las redes". Pero primero usemos las hojas de trabajo al final de este capítulo para evaluar nuestro punto de partida: las redes pequeñas/las redes confiables y amplias/las redes dispersas que tenemos en este momento.

Piensa en quién está en cada red actualmente y a quién te gustaría tener en tu red. ¿Tu network de confianza es sólida, pero rara vez te aventuras fuera de ella? ¿O estás en todos los lugares, conociendo a todas las personas, mientras sientes que lo que realmente necesitas son algunos colegas de confianza con los que puedas hablar con un mayor grado de apertura?

Utiliza el siguiente ejercicio para ayudarte a visualizar tus redes actuales, para que puedas obtener perspectiva y tener una mejor idea de la naturaleza y la profundidad de tu red de relaciones profesionales en la actualidad. Después de todo, para formar un plan sobre a dónde queremos ir (y cómo llegar allí) primero debemos saber dónde estamos comenzando.

En las hojas de cálculo, toma nota de lo siguiente:

**Personas:** ¿Con quién estás interactuando? (¡Las personas son esenciales porque las relaciones son esenciales!)

**Plataforma:** ¿En qué medio interactúas con ellas? (¿Mensajes de texto? ¿Whatsapp? ¿Slack? ¿Correo electrónico? ¿YouTube? ¿Conferencias? ¿Teléfono? ¿Zoom? ¿Instagram? ¿LinkedIn? ¿Facebook?)

**Industria:** ¿En qué área trabajan (que, con suerte, será una industria de la que extraes trabajo)? Ésta podría ser una comunidad específica (autores románticos contemporáneos independientes, candidatos a doctorado en ciencias sociales, clientes corporativos, académicos de universidades, biógrafos militares, autores de autoayuda, escritores de suspenso) o una especialidad particular de la industria editorial (editores de adquisiciones, diseñadores de portadas, editores de permisos, editores técnicos, coaches para autores o escritores, traductores, especialistas en publicación de libros, formateadores, indexadores, lectores de sensibilidad o inclusión).

Después de completar las siguientes hojas,* tómate unos minutos para evaluar lo que identifiques. ¿La mayoría de tus conexiones cercanas proviene de una sola fuente: un empleador anterior, una organización profesional específica, un grupo de editores en Facebook? Si es así, ¿qué beneficio podrías obtener al cultivar relaciones sólidas con personas fuera de esos grupos (no para reemplazar tu red pequeña sino para ampliarla)?

Por ejemplo, si la mayoría de tus conexiones cercanas son de un trabajo anterior, probablemente ése sea un espacio cómodo y seguro, y posiblemente una gran fuente de trabajo. Pero los cambios repentinos en la administración o en la dirección de esa compañía pueden dejarte tambaleando, en especial si tu red cercana es muy estrecha. Al esbozar tus redes actuales (pequeñas y amplias) sobre el papel puedes identificar patrones y faltas que de otra manera no descubrirías.

Aprovecha esta oportunidad para encontrar tanto tus puntos de fuerza como tus áreas de mejora (a través de la expansión o la profundización) en tu red actual. Tal vez hay tipos de contactos que te faltan y necesitas agregar. (Por ejemplo, si eres un editor que trabaja principalmente con autores independientes podrás servir mejor a tus clientes si puedes ofrecer recomendaciones confiables para diseñadores de portadas, asistentes virtuales o lectores beta.) Al considerar tu red amplia y dispersa, en particular, no subestimes las muchas conexiones que ya tienes. Parte de ser un freelancer exitoso consiste en encontrar oportunidades en los lugares más improbables.

---

* Ten en cuenta que a lo largo de este libro las hojas de trabajo proporcionan instantáneas acerca de dónde te encuentras hoy y evolucionarán a medida que desarrolles tu estrategia de networking. Las revisarás conforme continúes desarrollando tu estrategia y tus habilidades. Idealmente, llenarás una hoja de trabajo de redes trimestral (consulta el capítulo 3), cuatro veces al año, y volverás a revisar esas hojas de trabajo de autoevaluación cuando sea necesario para ayudarte a obtener claridad y perspectiva. Y recuerda: ¡no hay respuestas incorrectas!

# INSTANTÁNEA DE RED ACTUAL

**Fecha:** _____

## MI RED PEQUEÑA Y CONFIABLE

Mi red pequeña y confiable actual está formada por las personas enumeradas a continuación. Sé que puedo acudir a ellas con preguntas, dudas, ideas o historias de éxito, y que recibiré sus perspectivas honestas.

| PERSONA | PLATAFORMA | INDUSTRIA/ESPECIALIDAD REPRESENTADA |
|---|---|---|
| | | |
| | | |
| | | |
| | | |
| | | |
| | | |
| | | |
| | | |
| | | |
| | | |
| | | |
| | | |
| | | |
| | | |
| | | |

Preguntas:  ¿Quién falta en mi red?
¿Qué me dice esto de mi plataforma de networking preferida?
¿Trabajo exclusivamente en una especialidad/género/sector?

# INSTANTÁNEA DE RED ACTUAL

**Fecha:** _____

## MI RED AMPLIA

Mi red amplia actual está formada por las personas listadas a continuación. Es posible que no conozca a todas estas conexiones personalmente, pero están en mi órbita y ayudan a ampliar mi comprensión y mi alcance.

| PERSONA | PLATAFORMA | INDUSTRIA/ESPECIALIDAD REPRESENTADA |
|---|---|---|
| _____ | _____ | _____ |
| _____ | _____ | _____ |
| _____ | _____ | _____ |
| _____ | _____ | _____ |
| _____ | _____ | _____ |
| _____ | _____ | _____ |
| _____ | _____ | _____ |
| _____ | _____ | _____ |
| _____ | _____ | _____ |
| _____ | _____ | _____ |
| _____ | _____ | _____ |
| _____ | _____ | _____ |
| _____ | _____ | _____ |
| _____ | _____ | _____ |
| _____ | _____ | _____ |
| _____ | _____ | _____ |

Preguntas:  ¿Quién falta en mi red?

¿Qué me dice esto de mi plataforma de networking preferida?

¿Estoy haciendo networking exclusivamente en un sector?

¿Mi red es superficial y desarticulada?

Coloca las hojas de trabajo una al lado de la otra y compáralas. ¿Tus dos redes están equilibradas en términos del número de contactos y las industrias representadas? ¿O tu red general (combinada) es superficial y desarticulada? ¿Tu enfoque es demasiado estrecho? ¿Demasiado amplio? Toma algunas notas preliminares y conserva estas hojas de trabajo. Las revisaremos en el capítulo 10.

Para quienes prefieren un enfoque espacial/visual, pueden intentar usar el método del mapa conceptual en lugar de las hojas de trabajo. Aquí hay un ejemplo de cómo dibujar tu mapa de red amplia, con algunas conexiones iniciales.

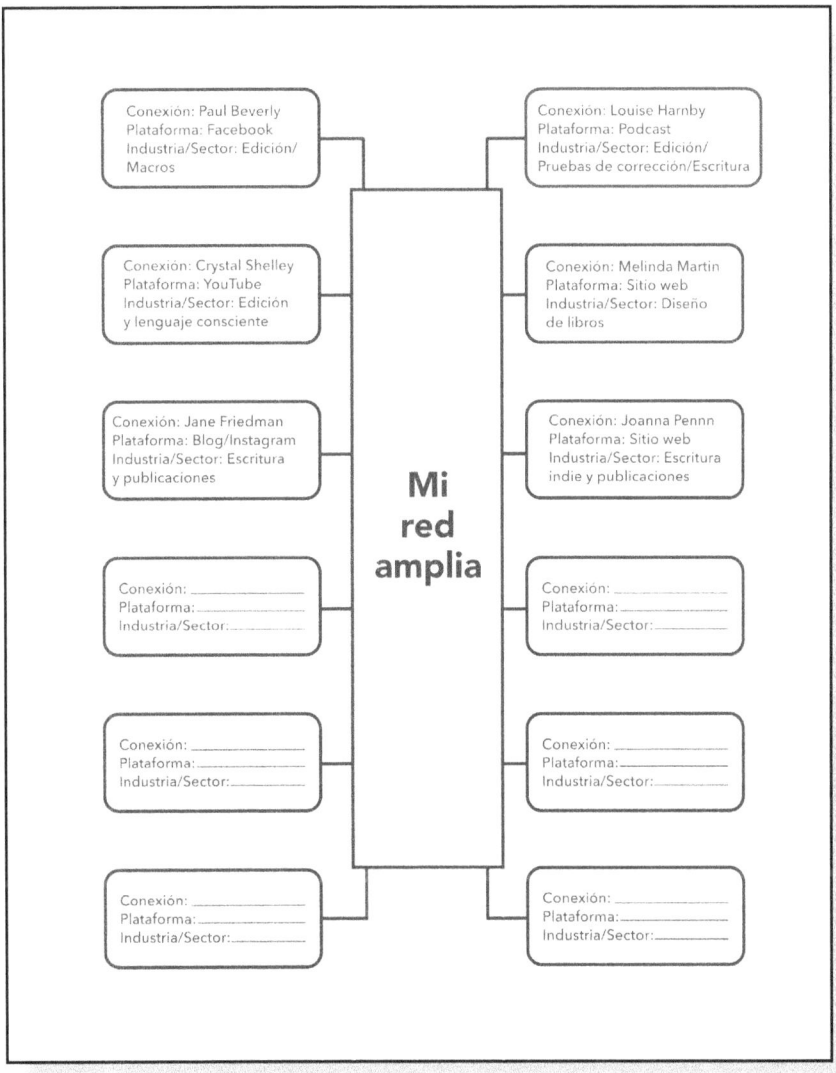

*Mapa conceptual de red amplia.*

Después de haber completado estas instantáneas (o construido tus mapas conceptuales de red) y ahora que tienes una mejor idea de tus redes actuales, lee el capítulo 3, donde abordaremos el desarrollo de tus objetivos de networking. Luego nos sumergiremos en el capítulo 4, en el que identificaremos con quién te debes conectar mientras persigues esos objetivos.

# CAPÍTULO 3
# OBJETIVOS DE NETWORKING

*La mejor manera de superar nuestra resistencia al networking es aclarar nuestros objetivos de networking. Luego, concentrarnos sólo en "lo que es importante ahora".*

—Brittany Dowdle y Linda Ruggeri

¿Por qué hacer networking? Respuesta corta: para ayudarnos a alcanzar nuestros objetivos y encontrar soluciones a nuestros desafíos.

Hoy día se sabe que todos deberíamos estar haciendo networking. Se promociona como una llave mágica en consejos como el siguiente: "No es lo que sabes, es a quién conoces". Pero a menudo abordamos esta importante actividad con intenciones desenfocadas y con una comprensión poco clara acerca de cómo hacerlo "bien" y cómo nos puede ayudar. En el mejor de los casos, la línea entre el esfuerzo y el retorno de la inversión es nebulosa.

Aunque sabemos que la creación de redes es algo que se supone que debemos hacer, muchos de nosotros nos sentimos incómodos cuando es hora de salir y "establecer contactos". Esta incomodidad puede provenir de la ansiedad social o del temor de ser visto como insistente o caracterizado por tratar de "monetizar" nuestras relaciones. Y puesto que algunos de nosotros tenemos sentimientos complicados en torno del dinero y la búsqueda de clientes (ir tras los negocios), éstos también pueden agravar nuestra incomodidad.

Como freelancers que en su mayoría trabajamos solos en casa, también corremos el riesgo de vivir en una burbuja. Nos encerramos en nuestro pequeño espacio, sólo interactuamos con una pantalla (o dos), tal vez incluso con nuestros gatos y nuestros perros, y nos la pasamos todo el día sobre el teclado. Es un refugio seguro; es lo que sabemos. Es donde pueden pasar ocho horas en un abrir y cerrar de ojos. Pero también es aislante y podemos perder rápidamente el contacto con la realidad, con las nuevas tendencias de la industria, con el panorama general. Es fácil volverse superconcentrados y descuidar nuestro lugar en la comunidad editorial. Y cuando eso sucede podemos perder oportunidades de trabajo, de ponernos al día con colegas, de aprender sobre clases o conferencias e incluso de conocer nuevos clientes que buscan a alguien con nuestras habilidades para editar su trabajo.

Estas tensiones y estos hábitos cotidianos contribuyen a nuestra resistencia interna al networking efectivo y consciente. Piensa en la resistencia como la vocecita que dice: *"No tengo tiempo para establecer contactos. ¿Realmente vale la pena? Nadie está interesado en mi perspectiva, no tengo nada interesante que compartir, etcétera.* La resistencia es un desafío para cualquiera, y debido a que somos freelancers, debemos esforzarnos y preocuparnos por nosotros mismos, porque nadie más lo hará. Tenemos que asegurarnos de hacer el trabajo incómodo que nos mantiene relevantes y conectados.

Para contrarrestar estos obstáculos y tener una red efectiva, el primer paso que abordaremos en este capítulo es **identificar lo que queremos lograr con nuestras redes**. En otras palabras, ¿cuál es el objetivo que nuestra red social puede ayudarnos a lograr? ¿Por qué networking?

Tener objetivos medibles y bien definidos nos ayuda a enfocar nuestros esfuerzos para establecer contactos intencionales. Cuando identificamos estos objetivos (nuestro destino), el networking se convierte en el camino entre el punto en el que estamos hoy y ese destino. (Pero recuerda que el destino hacia el que estamos trabajando no es la última parada en nuestro viaje profesional, sino simplemente el siguiente paso.)

Comenzaremos revisando algunas de las principales razones por las cuales los editores independientes hacen networking. En la parte inferior de la siguiente lista hemos agregado viñetas adicionales para que las completes en caso de que hayamos perdido objetivos que son importantes para ti. (Si notas que algunos de estos objetivos se superponen, tienes razón. ¡Bienvenido a la vida del freelancer!)

Los editores freelance hacemos networking...

- para construir relaciones a largo plazo con clientes
- para construir relaciones a largo plazo con colegas
- para conseguir más clientes
- para diversificar nuestras carteras de clientes (y mantener nuestro trabajo interesante)
- para establecer una reputación
- para construir una marca/brand
- para aumentar nuestros ingresos por medio de oportunidades nuevas
- para ser parte de una comunidad
- para aprender de nuestros colegas
- para ayudar a nuestros colegas (compartiendo lo que sabemos)
- para ser parte de la conversación y mantenernos relevantes
- para mejorar nuestras habilidades
- para desarrollar nuevas habilidades
- para mantenernos informados de las mejores prácticas en la industria
- _____
- _____

¿Cuáles de estos objetivos son más importantes para ti *en este momento de tu trayectoria profesional*?

En caso de que la lista te parezca abrumadora —porque probablemente quieras alcanzar todos estos objetivos ¡ahora!— conozcamos a algunos editores que también requieren identificar sus necesidades de trabajo más apremiantes (también conocidas como objetivos) y cómo las redes sociales pueden ayudarlos a tener éxito.

## Instantánea del editor (necesidades y objetivos)

**Conoce a Ana, la editora que es nueva en la edición:**

Ana acaba de comenzar su pequeña empresa de edición independiente después de completar un programa de certificación para editores y su **objetivo es conseguir más escritores independientes (concentrándose en el género de misterio),** por lo que decide centrarse en **establecer su reputación como editora de misterio** y **construir su marca**. Muchas otras razones excelentes de networking pueden alimentar su objetivo principal, pero no puede hacer todo a la vez, por lo cual ha decidido centrarse en este objetivo-múltiple.

El principal objetivo de Ana: conseguir más clientes (autores) de misterio que necesiten copyediting (corrección de gramática, ortografía y sintaxis) y proofreading (correcciones finales previas a la imprenta).

Los objetivos de base de Ana son los siguientes:

- Hacerse conocer y establecer una reputación
- Construir su marca

**Conoce a Joy, la editora que es nueva en el freelancing:**

Joy ha trabajado para diversas casas editoriales, pero ahora se está volviendo independiente y la transición es angustiosa. Ya tiene algunas conexiones importantes en el mundo de la edición, pero necesita aprender más sobre el ámbito comercial del trabajo independiente, por lo cual el objetivo de la red de Joy es **construir una carrera independiente exitosa, tratando de aprender las mejores prácticas comerciales de sus colegas que ya son trabajadores independientes** y **estableciendo una reputación como editora freelance**.

El principal objetivo de Joy: construir una carrera freelance

Los objetivos de base de Joy son los siguientes:

- Aprender habilidades empresariales para trabajadores freelance
- Establecer su reputación como freelancer

**Conoce a Taylor , editor establecido que intenta aumentar sus ingresos:**

Taylor ha construido una carrera satisfactoria, pero **quisiera que fuera más rentable**. Esto podría significar nuevas fuentes de ingresos, trabajar de manera más eficiente o cambiar su mentalidad en torno del dinero. Hay muchas posibilidades, pero va a tener que reducir su enfoque. Taylor está en un lugar financieramente estable, por lo que decide tomarse su tiempo y establecer contactos con otros editores para averiguar cómo han superado este desafío.

El principal objetivo de Taylor: ser más rentable

Los objetivos de base de Taylor son los siguientes:

- Identificar nuevas fuentes de ingresos (coaching, clases, talleres, presentaciones, etcétera)
- Cambiar su perspectiva sobre el dinero (aumentar sus tarifas, etcétera)
- Aprender prácticas de corrección más eficientes, para hacer más en menos tiempo
- Cambiar su especialidad o su nicho de edición

**Conoce a Alex, el editor agotado:**

Alex tiene mucho trabajo y una sólida reputación en su nicho, pero se siente aislado y atrapado en su especialidad. Necesita **salir de su rutina y entrar en un espacio mental más positivo**. Los objetivos de networking de Alex son **diversificar su cartera de clientes** y **formar parte de una comunidad** para tener más apoyo de los editores que lo "entienden" y que pueden ayudarlo a sortear el estrés emocional de su trabajo.

El principal objetivo de Alex: salir de su rutina y entrar en un espacio mental más positivo

Los objetivos de base de Alex son:

- Diversificar su cartera de clientes
- Formar parte de una comunidad

## *Tu instantánea como editor (necesidades y objetivos)*

Tómate un momento para evaluar tu situación. ¿Te identificas con Ana, Joy, Taylor o Alex? ¿O tu situación es un poco diferente?

Sin pensarlo demasiado, completa rápidamente lo que sigue, colocándote en el papel de uno de nuestros editores que hemos puesto como ejemplo:

## 👤 *Tu instantánea como editor* (necesidades y objetivos)

**Conoce a** _____ , **el/la**_____ **editor/a:**
  tu nombre                                adjetivo

**Tengo** _____ , **pero** _____.
     situación actual/experiencia              necesidad incumplida

**Para resolver esta necesidad mi objetivo es:**

_____

_____

_____

_____

_____

_____

_____

_____

_____ .

**Para alcanzar este objetivo me voy a concentrar en estos objetivos base (listar dos objetivos de networking que tienen el potencial de resolver mi necesidad):**

_____

_____

_____

_____

_____

_____

_____

_____

Ahora, deja esto a un lado por un momento y sigue leyendo.

## Establecer metas

Sin un objetivo claro, nuestros esfuerzos de networking a menudo son ineficientes y agotadores. Es posible que eventualmente lleguemos a nuestro destino, pero el viaje probablemente tomará más tiempo y estará lleno de giros equivocados y callejones sin salida. A veces nos quedaremos sin gasolina, lo que nos hará perder la motivación y simplemente hacer el menor esfuerzo. (¡Hola, cajón lleno de tarjetas de visita abandonadas! ¡Adiós, cuenta de TikTok en la que nos registramos y nunca usamos!)

Cuando nuestros objetivos de networking no están definidos y nuestras acciones no nos acercan a nuestros objetivos hemos descubierto que es bueno dar un paso atrás y hacer que nuestros objetivos sean *visibles, claros y específicos*. De esa manera estamos en una posición mejor para desarrollar un plan sólido y procesable en lugar del plan habitual de lanzar la pasta a la pared a ver si pega.

### ¿Objetivos de quién?

El primer paso al vincular los objetivos con nuestro plan de networking es darnos cuenta de que esos objetivos son únicos y cambiarán con el tiempo. Aunque todos somos editores profesionales, no todos tenemos los mismos objetivos. ¿Por qué? Porque editamos en diferentes géneros y en distintos nichos, con diversas especialidades y habilidades. Porque cada uno de nosotros está en un lugar diferente en nuestra carrera. Porque todos tenemos diferentes responsabilidades, necesidades y situaciones de vida.

Algunos de nosotros estamos empezando nuestras carreras de edición, mientras que algunos otros se encuentran a la mitad de la carrera, y otros pueden estar buscando un cambio de industria o de clientes. Algunos buscan jubilarse dentro de un año y les gustaría trabajar a tiempo parcial, tal vez cambiando su área de especialidad para que se alinee con sus hobbies. Porque somos individuos, nuestros objetivos son diferentes, y la belleza del networking es que ningún objetivo o estrategia se aplica a todos. Podemos establecer nuestras metas y personalizar nuestro camino con base en lo que funciona para nosotros, con base en la necesidad que estamos tratando de satisfacer hoy.

Tomemos un momento para procesar esa idea: el objetivo de otra persona puede no aplicarse a nuestra situación. De eso se deduce que las tácticas de networking que otras personas utilizan podrían no ser la mejor opción para nuestros objetivos. Es fácil dejarse seducir por la estrategia relumbrante y brillante de otra persona. *Lo tienen todo resuelto*, creemos. *Sólo tengo que hacer todo lo que ellos están haciendo y entonces habré logrado mi objetivo*. Sobre eso, decimos: por supuesto, estudia el éxito de otras personas, escudriña sus métodos, analiza lo que resuena y examina por qué está funcionando (por ejemplo, cómo el trabajo voluntario que hacen construye comunidad, cómo sus blogs o sus posts establecen su reputación o afirman su marca, cómo los artículos de LinkedIn muestran su experiencia en la materia). Toda esa admiración es buena, pero siempre regresa a tus objetivos y sitúa tu plan de networking en lo que necesitas para construir la carrera que tú deseas.

Haz una pausa y date permiso para pensar profundamente acerca de dónde está tu pequeña empresa y hacia dónde se dirige. Aunque el desarrollo de objetivos fundamentales está más allá del alcance de este libro de trabajo, queremos subrayar que tu estrategia de networking debe basarse en tus objetivos de trabajo para que sea eficiente y ofrezca los resultados esperados. Hemos proporcionado algunos recursos adicionales en el apéndice E que pueden ayudarte con el establecimiento de tus metas. Mientras tanto, comienza donde estás: sigue tus instintos y elabora tus objetivos iniciales que te moverán hacia la dirección deseada.

*Tiempos para objetivos*

Usando el ejercicio de la "instantánea del editor" como punto de partida, escribe una lluvia de ideas sobre objetivos de trabajo que te ayudarán a pasar al siguiente nivel en tu carrera como editor independiente. Es posible que no haya una respuesta correcta, sino más bien algunas respuestas útiles entre las cuales debes elegir.

Comenzando desde una perspectiva macro, anota tu objetivo principal y luego escribe ideas como bloques de construcción que te ayudarán a alcanzar el objetivo principal. Para cada meta que establezcas, pregúntate: *¿Este objetivo es medible, alcanzable y dependiente de mis propias acciones?*

Si posees pensamiento visual, usa esta planilla:

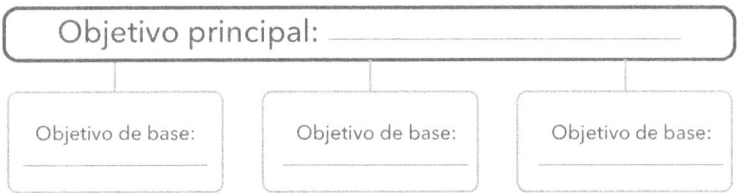

*Mapa mental de objetivos de networking en blanco.*

Por ejemplo, aquí está el mapa de objetivos de Joy:

*Mapa mental de objetivos de networking de Joy.*

*Objetivos*

Usa el espacio de abajo para elaborar tus objetivos principales y secundarios de tu empresa.

Mi objetivo principal para este año es: _____

_____

_____

_____

_____

_____

_____

Los pasos a seguir para alcanzar mis metas (diseñadas para apoyar mi objetivo principal) son:

_____

_____

_____

_____

_____

_____

_____

> *Las metas deben ser lo suficientemente amplias como para darte espacio para crecer, pero lo suficientemente estrechas como para darte dirección, y una forma de evaluar de manera objetiva si las has alcanzado.*

# JUNTANDO TODO:
# LA HOJA DE NETWORKING TRIMESTRAL

Ahora que has establecido tus principales objetivos de trabajo puedes comenzar a completar la hoja de networking trimestral agregando esos objetivos en la primera sección. El propósito de condensar tu plan de networking en una hoja es proporcionarte un resumen de alto nivel que puedes imprimir y tener cerca. Esta hoja de trabajo es importante porque te ayudará a:

- organizar tus pensamientos,
- crear un plan,
- posicionarte para obtener resultados, y
- evaluar tus éxitos al final de cada trimestre.

A medida que avancemos en los siguientes capítulos continuaremos completando esta hoja de trabajo, pero por ahora sólo debes completar la primera sección (objetivo principal, objetivos de los pasos a seguir y fecha de inicio).

## HOJA DE NETWORKING TRIMESTRAL

**Fecha de inicio:**

_____

Objetivo principal:

Objetivos de base:

👤 **Con base en mis objetivos para este trimestre ¿con quién me tengo que conectar ahora?**

👤 **¿Cómo puedo usar cada táctica de networking para conectarme con ellos?**

**Acción para mi página web:**

**Acción para mis comunicaciones profesionales:**

**Acción para mi social media:**

**Acción para mis organizaciones profesionales:**

**Acción para mis actividades voluntarias:**

## ANÁLISIS DE FIN DE TRIMESTRE

**Fecha de terminación:**

_____

Progreso:

## Check-in de editor:

Si quieres ver cómo completaron sus hojas nuestros otros tres colegas, consulta nuestro sitio web para obtener ideas adicionales (www.networkingforeditors/resources). Allí también encontrarás nuestras listas de objetivos laborales para el año.

Por ahora, así es como Ana llenó la primera sección de su hoja de trabajo:

**HOJA DE NETWORKING TRIMESTRAL**

**Fecha de inicio:**
10 de octubre de 2023

**Objetivo principal:**
obtener más clientes

**Objetivos de base:**
establecer una buena reputación y construir mi marca

# LA PERSPECTIVA DE UN EDITOR

Existen varios resultados diferentes que quiero lograr al establecer contactos con mis compañeros editores.

Quiero:

- Ser conocida, así estoy presente en la mente de otros si alguien necesita hacer una recomendación o una referencia.
- Aprender sobre los demás, para que yo pueda ser la que haga referencias y recomendaciones.
- Aprender de los demás, ya que siempre hay mucho que conocer sobre cómo dirigir una pequeña empresa editorial.
- ¡Hacerme amiga de personas que entienden mi profesión, para poder quejarme de las comas con los editores que entienden mi dolor!

Si me llegan referencias y recomendaciones, si sé a quién recomendar cuando no puedo aceptar un trabajo, si puedo aprovechar la sabiduría colectiva de mi industria y si siento que he hecho algunos amigos en el camino, todo eso me hace sentir que tengo una red social exitosa.

—**SOPHIE PLAYLE,** LIMINAL PAGES

# CAPÍTULO 4
# USANDO OBJETIVOS
# PARA IDENTIFICAR SOCIOS
# DE NETWORKING

*Tu red social es tu patrimonio neto.*

—*Porter Gale*, autora y emprendedora

Las personas tienden a trabajar con, y referir trabajo a, personas que conocen y en las que confían. Así que el primer paso de nuestro networking es *darnos a conocer*, y el segundo, *generar confianza*. Sin embargo, antes de que puedas hacer cualquiera de las dos cosas debes identificar de quiénes está compuesta tu red ideal y dónde se puede localizar a esas personas.

No hay razón para sentirse abrumado, porque ya has identificado tus objetivos principales y los objetivos de base en el último capítulo. Ahora puedes usar esos objetivos para determinar a quién necesitas llegar y dónde puedes encontrar a esos futuros socios de networking. Échale un vistazo a tu Autoevaluación: instantánea de red actual del capítulo 2 (pp. 25 y 26 ).

¿Tu red combinada incluye a las personas con las que necesitas conectarte para alcanzar tus objetivos específicos?

Si no, éste podría ser el momento de ampliar tu red o de buscar un grupo más especializado de conexiones. Ten en cuenta que no estamos sugiriendo que abandones los contactos actuales en función de que, si son útiles o no para ti, eso es transaccional y contrario a mantener relaciones reales. Estamos proponiendo que si tu red va en una dirección diferente para donde estás tratando de moverte, entonces necesitas expandir tu red en la dirección del crecimiento que estás buscando. ¡Pero mantén esas primeras conexiones! Si tienes una relación con alguien, no la desperdicies. Las redes del mañana se construyen a partir de las relaciones de ayer y de hoy. Y recuerda que una parte importante de la creación de redes consiste en estar presente para los demás y ser un apoyo sólido en la red social de otra persona. Ese espíritu de apoyo desinteresado y entrega de parte de uno mismo es el núcleo de cada relación de red efectiva.

## *Instantánea del editor (personas con quienes conectarse)*

Visitemos otra vez a nuestros cuatro editores para ver con quién querrían desarrollar relaciones profesionales en función de sus objetivos:

### Ana, la editora nueva en la edición:

El principal objetivo de Ana: conseguir más clientes independientes que publiquen o escriban misterio y que necesiten servicios de corrección, como edición de copia (copyediting) y corrección de pruebas (proofreading).

Los objetivos de base de Ana son los siguientes:

- Hacerse conocer y establecer una reputación
- Construir su marca

Ana necesita conectarse (en general) con escritores de misterio que requieren servicios de edición; editores que pueden ofrecer un sentido de comunidad, oportunidades de aprendizaje y referencias. ¿Dónde están activas estas personas?

Ana necesita conectarse (específicamente) con comunidades de autores independientes (también llamados "indis") del género de misterio; editores especializados en trabajar con indis, en particular con aquellos que ofrecen niveles complementarios de edición, como la edición de desarrollo; organizaciones que apoyan a autores independientes; grupos de Facebook donde los autores independientes se congregan para discutir sobre su arte; asociaciones profesionales de edición; bloggers que curan recursos de escritura para escritores. ¿Dónde están activas estas personas?

### Joy, la editora que es nueva en el freelancing:

El principal objetivo de Joy: construir una carrera freelance

Los objetivos de base de Joy son los siguientes:

- Aprender habilidades empresariales para trabajadores freelance
- Establecer su reputación como freelancer

Joy necesita conectarse (en general) con casas editoriales que necesitan servicios de edición y corrección, y editores independientes que pueden ofrecer comunidad y compartir experiencias (y lecciones aprendidas). ¿Dónde están activos?

Joy necesita conectarse (específicamente) con asociaciones profesionales de edición y corrección, grupos de edición informales (quizás en Facebook), comunidades independientes (como la unión de freelancers o de trabajadores independientes), instructores especializados en armar o mantener una pequeña empresa de correcciones, SCORE (el Cuerpo de Servicio de Ejecutivos Retirados ) o editores de producción con casas editoriales. ¿Dónde están activos?

**Taylor, editor establecido que intenta aumentar sus ingresos:**

El principal objetivo de Taylor: ser más rentable

Los posibles objetivos de base de Taylor son los siguientes:

- Identificar nuevas fuentes de ingresos (coaching, clases, talleres, presentaciones)
- Cambiar su perspectiva sobre el dinero (aumentar las tarifas)
- Aprender prácticas de corrección más eficientes, para hacer más en menos tiempo
- Cambiar su especialidad o su nicho de edición

Taylor necesita conectarse (en general) con editores en etapas similares a su carrera, editores de otros nichos, editores abiertos a nuevas formas de practicar su oficio. ¿Dónde están activos?

Taylor necesita conectarse (específicamente) con asociaciones profesionales de edición y corrección, especialistas en productividad (en edición y en freelance), coaches organizacionales o personales de editores que utilizan plataformas o productos como Dubsado (CRM) o ConvertKit (software de marketing por correo electrónico), editores de libros en géneros relacionados que podrían ser más rentables, editores que ofrecen coaching, clases online, etcétera. ¿Dónde están activos?

**Alex, el editor agotado:**

El principal objetivo de Alex: salir de su rutina y entrar en un espacio mental más positivo

Los objetivos de base de Alex son:

- Diversificar su cartera de clientes
- Forma parte de una comunidad

Alex necesita conectarse (en general) con clientes que requieren su especialidad específica, pero cuyo modelo de negocio o de contenido es diferente de su lista de clientes actual; clientes que trabajan en industrias adyacentes; clientes que ofrecen proyectos cortos con tiempos de respuesta rápidos, a diferencia de los clientes actuales que tienen proyectos masivos o a plazos larguísimos, y grupos de editores especializados. ¿Dónde están activos?

Alex necesita conectarse (específicamente) con casas editoriales con especialización en temas determinados, que podrían ser clientes potenciales; organizaciones y grupos de editores con objetivos comunitarios (como la Iniciativa de Diversidad de la EFA), donde Alex puede conocer a otros, interactuar y compartir sus conocimientos, o grupos de editores con colegas que se encuentran en puntos similares de sus carreras o que comparten la especialidad de Alex. ¿Dónde están activos?

Como demuestran estos ejemplos, cada editor puede desarrollar relaciones profesionales con grupos muy diferentes en función de sus objetivos específicos. Los editores académicos necesitarán llegar a diferentes tipos de clientes y colegas que los traductores de materiales escolásticos, que requerirán conexiones diferentes a las de los editores de novelas románticas, que necesitarán una red completamente distinta a la de los indexadores o escritores de biografías. E incluso entre los géneros de contenido más amplios, cada editor profesional puede necesitar establecer contactos en ecosistemas distintivos. Por ejemplo, el plan de networking de un corrector de novelas de suspenso va a diferir del de un editor de desarrollo que se especializa en fantasía épica u oscura.

Pero también tendremos cierta superposición, generalmente en grupos de la industria como ACES: La Sociedad para Editores (The Society for Editing), o en grupos de editores de Facebook (como Editors Association on Earth). De acuerdo con nuestra experiencia, estos grandes grupos son excelentes lugares para comenzar, pero muchas de nuestras conexiones más valiosas estarán en los grupos de género o de especialidad más pequeños en los que realmente podemos conocer a las personas y formar relaciones. Esto es cierto tanto para desarrollar conexiones en la industria como para llegar a clientes potenciales. Por lo tanto, nuestra recomendación es comenzar con los grupos amplios; luego, mediante la interacción diaria y semanal, construir relaciones con personas que tienen intereses, especialidades, conjuntos de habilidades y objetivos similares. (Véase más sobre esto en el capítulo 6.)

Una vez que identifiques a quién te gustaría tener en tu network (en general o personas/roles específicos), puedes trabajar para darte a conocer (también conocido como "usar tu sitio web y tus redes sociales para fines de networking") y generar confianza (también conocido como "ayudar a otros a encontrar respuestas, compartir tu conocimiento y alentar a otros").

Realiza este ejercicio utilizando la información de tu instantánea de editor anterior:

 Tu instantánea como editor
*(personas con quienes conectarme)*

**Conoce a** _____ **, el/la** _____ **editor/a:**
  tu nombre                              adjetivo

**El objetivo principal de:** _____
                                tu nombre

_____

_____

**Los objetivos de base de:** _____
                                tu nombre

• _____

  _____

• _____

  _____

 **Personas con quienes conectarme (general):**

_____

_____

_____

**Personas con quienes conectarme (específicas):**

_____

_____

_____

**Dónde están activas:**

_____

_____

_____

**Dónde están activas:**

_____

_____

_____

Dedica un tiempo a hacer una lluvia de ideas sobre quién puede ayudarte a alcanzar tus metas actuales. Mira más allá de las opciones obvias y sé creativo. Vuelve a la lista y deja que tu mente divague. Siempre puedes volver atrás, si es necesario, pero comienza por darte el espacio para imaginar qué ideas te gustaría tener. ¿Quién es un experto en tu especialidad editorial deseada? ¿Quién es el cliente de tus sueños? Escribe nombres, organizaciones, conferencias y lugares de reunión en redes sociales.

Por ejemplo, tal vez, como Ana, quieras trabajar con más autores de ficción independientes. Entonces, primero anota una categoría (autores independientes), luego limítala (autores independientes que escriben misterio), después sé específico (autores de misterio independientes que sean miembros de Sisters in Crime o que participen en un grupo de autores de misterio de Facebook), posteriormente identifica algunos autores de misterio independientes líderes en el género y escribe sus nombres. Agrégalos a tu hoja de trabajo de networking trimestral en la pregunta: *Con base en mis objetivos de networking para este trimestre, ¿a quién debo contactar ahora?*

Una nota rápida: no es que vayas a enviar un correo electrónico a todos los autores de misterio indis más vendidos y pedirles que sean tus mejores amigos. Los seguirás en línea, identificarás dónde pasan el tiempo, con qué grupos de autores interactúan, dónde se presentan o dan charlas, qué es importante para ellos. Y a medida que te familiarices con esa comunidad de autores de misterio indis comenzarás a interactuar y a contribuir, primero como aprendiz y luego ofreciendo tus propias ideas. Puedes ser directo y honesto acerca de tu posición (como editor de misterio), pero también debes mostrar tu deseo de aprender del grupo. Este tipo de redes puede construir tu base de conocimientos del género, ayudarte a crear una reputación (por ejemplo, como editor que proporciona recursos para escritores de misterio principiantes) y permitirte comprender las expectativas y las necesidades de tus clientes ideales. A su vez, desarrollar esta práctica de redes puede ayudarte a ganar más clientes independientes al

1. establecer tu reputación como un editor independiente conocedor y accesible, y

2. construir tu marca/brand y posicionarte como un experto en tu género o especialidad.

Por supuesto, ésta es una versión abreviada del proceso de networking, pero una vez que completes la siguiente sección de tu hoja de trabajo de networking trimestral estarás listo para pasar a los siguientes capítulos, que se centran en las tácticas de red específicas que forman la estructura de tu plan de networking.

## Hoja de networking trimestral

Ahora transfiere tu lista de contactos potenciales de tu instantánea de editor a la página de networking trimestral.

> 👤 **Según mi(s) objetivo(s) de networking para este trimestre, ¿a quién debo contactar ahora?**

## Check-in de editor:

Como ejemplo, aquí está el primer intento de Ana para identificar a quién necesita contactar :

> 👤 **Según mi(s) objetivo(s) de networking para este trimestre, ¿a quién debo contactar ahora?**
>
> 1. Autores de misterio (en grupos de FB, Sisters in Crime, u otros grupos de escritores)
> 2. Editores de desarrollo que necesitan recomendar sus clientes a correctores
> 3. Otros editores que trabajan exclusivamente con autores independientes
> 4. Bloggers que escriben artículos para escritores

# PARTE 2

# TÁCTICAS DE NETWORKING

Hasta aquí hemos definido el networking, evaluado tu red actual, identificado tus objetivos de networking más apremiantes y considerado con quién debes establecer contactos para apoyar esos objetivos. Como dijimos al principio de este libro, para crear una red social profesional con éxito debemos prepararnos para hacer networking. Así que ahora que tenemos una base pasemos a las herramientas y a las tácticas que necesitamos para apoyar y construir nuestra red ideal.

# CAPÍTULO 5
# TÁCTICA DE NETWORKING #1
## *UN SITIO WEB*

*Un sitio web te promocionará 24/7: ningún empleado hará eso.*

—*Paul Cookson*, consultor de marketing

Cuando alguien busca un editor, uno que realice el trabajo en el que te especializas, lo primero que hará probablemente será abrir un navegador y escribir, por ejemplo, "misterio" y "editor". Si no tienes un sitio web, o tienes uno, pero carece de las palabras clave adecuadas, no te encontrarán. Pero si tienes una presencia en línea fuerte y específica tu nombre debería aparecer. Sin eso, el nombre de otra persona aparecerá primero y es muy probable que tu cliente potencial halle al editor que ha estado buscando, o la información que necesitaba, con los primeros resultados de búsqueda. Un sitio web profesional no garantizará que estés en la parte superior de los resultados de Google, pero es un primer paso esencial para construir una presencia en línea que te apoyará en tus esfuerzos de networking.

## EL SITIO WEB COMO HERRAMIENTA DE NETWORKING

Cuando los editores nuevos de la profesión nos preguntan en qué deberían enfocarse al principio de sus carreras, primero recomendamos la educación continua (clases y cursos de especialización), y luego, un sitio web. A menos que seas un editor veterano con una red fuerte y extensa que te trae constantemente más trabajo del que puedes manejar, necesitas un sitio web.

Tu sitio web es la versión profesional de ti mismo, pero en internet. En términos de negocios, es como tu tienda o tu oficina en la ciudad. Pero para los profesionales independientes, tu sitio web ¡tiene el potencial de ser mucho más! Al igual que te presentarías a un eventual cliente en persona (diciendo quién eres, qué haces, informándole cómo has ayudado a otras personas como ellos, básicamente sentando las bases para una relación laboral), un sitio web es una forma de replicar esa experiencia en internet. Es una oportunidad para que cualquier persona con acceso a internet, en cualquier parte del mundo, te conozca y comience a desarrollar un sentido de quién eres, cómo eres y cómo puedes ayudarla a resolver sus necesidades de edición y corrección.

Pero ¿cómo sirve exactamente un sitio web a tus esfuerzos de networking? Un sitio web te da un lugar (que te pertenece) en el que puedes hacer cosas como las siguientes:

- Compartir tus conocimientos a través de un blog o de artículos (estableciendo tu nivel de conocimiento y creando oportunidades orgánicas para interactuar con los visitantes de tu página)

- Crear recursos descargables/imprimibles para colegas y clientes potenciales (demostrando que estás bien informado, mientras ayudas a otros a resolver sus propios desafíos)

- Establecer credibilidad a través de testimonios de clientes precedentes

- Definir tu marca/brand (desde el tono hasta la especialidad, la voz y los elementos visuales de tu marca)

- Establecer expectativas (nunca es demasiado temprano para fijar expectativas o poner límites)

- Demostrar que eres una persona real, no una computadora en una isla deshabitada

- Compartir muestras de tu trabajo (si tienes el permiso de los autores o de la casa editorial)

- Explicar tus servicios en detalle (posicionándose en el proceso de publicación, para que los visitantes de tu página puedan saber de un vistazo si puedes ayudarlos)

- Proporcionar una guía rápida para las personas que no se toman en serio la contratación de un editor, o clientes que no son ideales para ti (en lo que respecta a tu especialidad de edición, presupuesto, etcétera)

- Destacar tu especialidad o tu nicho de género literario (si tienes uno)

- Comunicarte con el público con tu voz única

Hay superposición e interconexión en casi todo lo que hacemos como trabajadores freelance, por lo cual no es de extrañar que un sitio web pueda ser una herramienta de networking, una herramienta de marketing, una herramienta de ventas, y mucho más. Por lo cual te alentamos a pensar en cómo tu sitio web puede apoyarte específicamente mientras te preparas para hacer networking.

Al tener un sitio web que cuenta tu historia y te posiciona dentro de la comunidad de editores, delineando tus habilidades, clientes/proyectos ideales y especialidades, estarás listo para beneficiarte de todo el resto del trabajo de networking que ya estás haciendo.

Por ejemplo, digamos que Renna, otra de nuestras colegas editoras, asiste a una conferencia y Jae admira su conocimiento y su actitud profesional, por lo cual quiere agregar a Renna a su lista de colegas a los que puede referir clientes de trabajos que ella no hace. Tan pronto como regresan de la conferencia, Jae busca a Renna en línea. Tiene un perfil de EFA, pero no un sitio web. O tal vez tiene un sitio web, pero está orientado a un género muy diferente al que Renna se está especializando en la actualidad (por ejemplo, el sitio web de Renna la describe como una editora de desarrollo de literatura infantil, pero le dijo a Jae que su enfoque está en corregir thrillers noir).

Esto pone a Jae en una posición incómoda. Cree que Renna haría un gran trabajo en cualquier proyecto que asuma, pero también sabe que no funcionará darla como referencia a un autor de thriller al que Renna no tiene interés en aceptar en este momento porque no se está especializando en eso. El autor cuestionará tanto la idoneidad de Renna para el proyecto como el juicio (o las habilidades de escucha) de Jae para recomendarla. Esta desconexión, tener un sitio web que no se alinea con sus objetivos (o no tener un sitio web), sabotea la inversión de Renna en la conferencia y potencialmente socava su relación con Jae. Éste es un escenario ficticio, pero se basa en nuestras observaciones de "referencias que salieron mal".

Por eso vemos nuestros sitios web como una de las primeras herramientas fundamentales en nuestro enfoque de networking. Ya sea que estés actualizando un sitio existente o creando un sitio web completamente nuevo, utilizarás los objetivos principales y los objetivos de base que identificamos antes para dar forma al enfoque y al mensaje de tu sitio web.

Por ejemplo, volvamos a visitar a nuestros colegas editores del capítulo 3: Ana podría agregar una página de recursos seleccionados y un blog mensual para ayudar a establecer su reputación y construir su marca. En su sección "Acerca de mí", Joy podría destacar su experiencia como editora empleada en una casa editorial de Nueva York e informar a los visitantes de su página web que ahora está trabajando como freelancer, lo que les dice a los autores independientes que tendrán acceso a un editor versado en la industria del libro en Nueva York. Taylor podría usar su sitio web para vender un documento de herramientas digitales que ha desarrollado (como macros o una plantilla para crear hojas de estilo), realizar un curso de edición técnica en línea o hablar sobre libros importantes que utiliza o que han influido en la forma como maneja su empresa. Alex también podría ser anfitrión de un blog llamado "Pregúntele a un editor" orientado a auxiliar a los nuevos editores que ingresan a una especialización como la suya, lo cual puede ayudarlo a establecer relaciones con otros editores que aprecian su experiencia y, al mismo tiempo, mostrar a los clientes potenciales la profundidad de su conocimiento en un tema específico.

Cada una de estas actividades ayuda al editor a ser conocido tanto por sus colegas como por los clientes potenciales, y cada actividad contribuye a construir la confianza a la base de cada relación.

*El 75% de los usuarios admite hacer juicios sobre la credibilidad de una empresa en función del diseño de su sitio web.*

—Stanford Web Credibility Research

# EVALÚA O CREA TU SITIO WEB

## *Evaluar*

Si ya tienes un sitio web, pero estás preocupado de que no te está representando bien, un primer paso consiste en realizar una búsqueda rápida en línea con algunas palabras clave que consideres que se aplican a tu perfil, y luego observar qué sitios web de otros editores aparecen. (¡Advertencia: aquí puede filtrarse el síndrome del impostor! El propósito de este ejercicio no es provocar que te sientas "menos que", sino obtener una perspectiva constructiva visitando los sitios de editores que ofrecen servicios similares.) Para que sepas, ¡nosotros también hemos hecho este ejercicio!

Trata de experimentar esos sitios primero como si tú fueras un cliente potencial. Toma nota de tus reacciones viscerales al esquema de color, la estética, las fuentes, el uso de imágenes y la organización. ¿Confías instantáneamente en este editor? ¿Inmediatamente cuestionas su profesionalidad? ¿Estás lleno de emoción o aburrido incluso antes de empezar a leer? ¿Puedes vincular estas reacciones emocionales con aspectos estilísticos específicos del sitio web, independientemente del texto?

Ahora experimenta esos sitios con tu sombrero de "empresario independiente". Y recuerda identificar los aspectos superficiales de cada sitio web a través de la lente de networking. Después de todo, si estás tratando de establecer relaciones con los visitantes de tu sitio (ya sean colegas o clientes), la "onda" o el "feeling" de tu sitio es importante. Muy a menudo tomamos decisiones instantáneas basadas en el instinto o en procesos de evaluación no examinados. Presta atención a los sitios que te impresionaron como profesional, inspiradores de confianza e interesantes. Desde un punto de vista visual, ¿qué tienen en común esos sitios?

Ahora ve a tu sitio web. Es difícil ser imparcial, pero trata de separarte de las palabras (y del hecho de que es tu sitio) y simplemente observa las mismas señales visuales: combinación de colores, estética, fuentes, imágenes y organización. ¿Qué tiene tu sitio en común con los sitios que te gustaron (bajo tu disfraz de "cliente potencial" de esas personas)? ¿Qué tiene en común con los sitios que te hicieron reaccionar con un "bueno" o "¡de ninguna manera!"? Toma notas y, si es posible, imprime capturas de pantalla de tu página de destino y de las páginas de destino de los otros sitios para compararlas.

A continuación, enumera las páginas (opciones de menú) que los sitios tienen en común. ¿Cómo se agrupan las páginas? ¿Te parece lógico el flujo para un cliente potencial? ¿O sientes que el sitio se centra demasiado en el editor y menos en tu experiencia como usuario del sitio?

Ahora vuelve a tu sitio. ¿Te falta alguna página que sí tengan todos los demás sitios? ¿Tienes muchas opciones de menú adicionales? No hay una forma correcta de organizar tu sitio web o un número perfecto de páginas, pero hay mejores prácticas que proporcionan un rango útil para satisfacer la mayoría de las necesidades (hablaremos más sobre esto en un momento.)

En este ejercicio, los objetivos son: 1) buscar sitios web de editores que compartan tu experiencia y tu nicho, 2) valorar qué tan bien están funcionando sus sitios web y notar los aspectos "observables" de sus sitios y 3) usar esa información para reevaluar tu propio sitio. Al tomar notas y centrarte en los aspectos cuantificables y objetivos de los sitios que inspiran confianza y hacen que desees trabajar con esos editores, puedes aplicar esas mismas técnicas a tu propio sitio. Sólo recuerda: *nunca* copies ni uses el contenido de otra persona sin su permiso explícito. La creatividad no tiene límites, así que realiza tu mejor esfuerzo para ser *tú* en tu sitio web. Hay muchas personas que pueden proporcionar los mismos servicios que tú, pero tu trabajo será un producto único de tu estilo, de tu experiencia y de tu enfoque. Esto es lo que te distingue. Por lo tanto, hazlo fácil para ti y tus clientes potenciales, dándoles la oportunidad de tener una idea de la persona que está detrás del servicio editorial que necesitan.

> *Las personas asignan más credibilidad a los sitios que muestran que han sido actualizados o revisados recientemente.*
>
> —STANFORD WEB CREDIBILITY RESEARCH

# Autoevaluación: sitio web

### Paso 1: Tu página web

URL de mi sitio web: _____

Servicios de corrección (por ejemplo: corrección por línea, escritura fantasma, indexación):
_____

Género/especialidad (autoayuda, biografías, libros de texto universitarios, manuales,

etcétera): _____

Fuentes y colores: _____

_____

_____

_____

_____

Imágenes usadas: _____

_____

Categorías de páginas: _____

Profesionalidad:          1     2     3     4     5     6     7     8     9     10

Facilidad de navegación: _____

Llamada a la acción: _____

Facilidad para
contactarme:              1     2     3     4     5     6     7     8     9     10

¿Editor-céntrico o cliente-céntrico? _____

Reacción emocional instantánea (desde "trabajaría con esta persona" a "mmm" o "nunca")

                          1     2     3     4     5     6     7     8     9     10

# Autoevaluación: sitio web

**Paso 2: Sitios web de editores que ofrecen los mismos servicios en el mismo género/especialidad (elegir cinco sitios y hacer este ejercicio con cada uno)**

URL del sitio web: _____

Servicios de corrección (por ejemplo: corrección por línea, escritura fantasma, indexación):

_____

Género/especialidad (autoayuda, biografías, libros de texto universitarios, manuales,

etcétera): _____

Fuentes y colores: _____

_____

_____

_____

_____

Imágenes usadas: _____

_____

Categorías de páginas:_____

Profesionalidad:          1      2      3      4      5      6      7      8      9      10

Facilidad de navegación: _____

Llamada a la acción: _____

Facilidad para
contactarme:          1      2      3      4      5      6      7      8      9      10

¿Editor-céntrico o cliente-céntrico? _____

Reacción emocional instantánea (desde "trabajaría con esta persona" a "mmm" o "nunca"

                  1      2      3      4      5      6      7      8      9      10

## Autoevaluación: sitio web

**Paso 3: Comparar y contrastar**

¿Cuál sitio te gusta más? ¿Menos? ¿Por qué? ————————

_____

_____

¿Qué sitio te inspira confianza? ¿Por qué?

_____

_____

¿Con cuál te entusiasmaría trabajar? ¿Por qué?

_____

_____

¿Qué tienen en común los dos sitios que más me gustan?_____

_____

_____

¿Qué tienen en común los dos que menos me gustan? _____

_____

_____

De los dos que más te gustan, ¿qué podrías aplicar a tu sitio de lo que aprendiste?

_____

_____

_____

_____

_____

_____

## *Crear*

Tal vez no tengas un sitio web. Has sobrevivido durante años sin uno. A decir verdad, has intentado crear uno un par de veces, pero simplemente no ha funcionado. Sin embargo, todavía estás recibiendo proyectos, así que, ¿ realmente es necesario?

Eso depende. ¿Estás satisfecho con tu carrera de freelancer y con la red de apoyo profesional que tienes hoy? ¿Estás seguro de que estará allí para ti mañana también? Si existe la posibilidad de que puedas estar haciendo un trabajo más satisfactorio, con mejores clientes, ganando más dinero y siendo parte de una comunidad de editores, entonces sí. Construyamos ese sitio web. No es muy difícil. Y no tiene que ser caro.

Por suerte, crear un sitio web no es ciencia cuántica. Hoy en día muchos servicios hacen todo con una inversión monetaria mínima. Con estos servicios puedes crear un sitio web básico y atractivo en una o dos horas. Si no tienes un sitio web y no tienes tiempo para crear uno con las cuatro páginas básicas ("Inicio", "Servicios", "Testimonios", "Contacto"), considera al menos tener un sitio web de una página (por ahora): una página de destino simple para tu negocio que le diga a tus clientes que eres real.

A algunos editores expertos en tecnología les encanta la experiencia de construir su propio sitio. Algunas de nosotras comenzamos a construir nuestro sitio web por nuestra cuenta, usando WordPress y consultando videos de YouTube. Aprendimos cómo agregar plugins, usar widgets y organizar nuestro contenido. Realmente depende de ti decidir cuál es tu zona de confort (tiempo, presupuesto e interés en aprender algo nuevo).

Un error que muchas de nosotras cometemos cuando construimos nuestro primer sitio web es que lo construimos de acuerdo con lo que *nos* gusta a *nosotros*, sin considerar lo que nuestro público está buscando. Tu sitio web tiene que estar bien presentado y ser dinámico (adaptándose a las vistas para dispositivos móviles); necesitas tener buenas palabras clave para la optimización de motores de búsqueda (SEO). Debes ser informativo y directo y transmitir exactamente **quién eres, qué haces y cómo la gente se puede poner en contacto contigo**.

Sí, crear un sitio web desde cero es un proyecto, pero es un reflejo de ti y de tu trabajo. Una vez que tu sitio web esté funcionando, el compromiso de tiempo regular es mínimo, aunque deberías actualizarlo al menos una vez al año para asegurarte de que la información siga siendo precisa y relevante. Todos cambiamos, al igual que nuestro trabajo y nuestras pequeñas empresas. Somos seres humanos dinámicos y los medios que nos representan también deben ser dinámicos.

## *Lista de verificación del sitio web*

Ya sea que estés creando un nuevo sitio web o utilizando las conclusiones de la hoja de trabajo de autoevaluación anterior para revisar tu sitio existente, hay una lista de verificación que puedes seguir en el apéndice B (p. 137) para asegurarte de que tienes un sitio sólido.

Por ahora, revisemos cómo se ve una buena arquitectura de información para un sitio web:

- Página de destino/página de inicio

  o Coloca el nombre de tu companía (o tu nombre) al frente y al centro

  o Asegúrate de usar el nombre completo de tu empresa

  o Incluye una foto de perfil actualizada

  o Proporciona información de contacto fácil de localizar y enlaces a tus redes sociales activas, asegurándote de que sean visibles y se pueda hacer clic en ellos (lo que significa que si una persona hace clic en uno la llevará a ese sitio, idealmente abriendo una nueva página para no salirse de la tuya)

  o Asegúrate de que el tipo de servicio editorial al que te dedicas esté al frente y al centro (no hagas que los clientes adivinen)

  o Comprueba que toda la información anterior coincida exactamente con lo que tienes en tus redes sociales/tarjetas de visita/perfiles de directorio, etcétera. Recuerda: ¡la consistencia es clave para el reconocimiento de tu marca!**

- Página de servicios

  o Describe claramente cada servicio que ofreces y lo que cada uno significa o implica

  o No enumeres servicios que no ofreces o servicios en los que no tienes experiencia

  o Considera ofrecer paquetes de edición o paquetes personalizables a proyectos o clientes

  o Si mencionas tus tarifas, asegúrate de que estén actualizadas. Si no quieres brindar esta información, una buena práctica podría ser indicar: "Mis tarifas se actualizan cada año. Por favor, póngase en contacto conmigo para una cotización o una propuesta basada en su proyecto" o "Mis precios se basan en la tabla de tarifas de la EFA", etcétera, con un enlace a esa página. Si tus tarifas son negociables, indícalo también. Los clientes quieren saber si puedes adaptar tus precios y tus ofertas a su presupuesto. (Y si tu política es utlizar un programa

---

** Nota: si no trabajas como freelancer de tiempo completo, o si la edición es un trabajo secundario para ti, puede ser difícil que tus redes sociales o tu sitio web coincidan en todas las plataformas. Sólo trata de asegurarte de que seas lo más consistente posible.

de precios estricto, también está bien. La idea aquí es utilizar tu sitio web para establecer las expectativas del cliente.)

- Página de testimonios

  - Incluye testimonios relevantes de clientes satisfechos

    - Menciona el nombre del cliente con un enlace al sitio web/proyecto/página de libro/etcétera. Incluye también una foto del cliente (si el cliente te lo permite)

  - Enumera primero los mejores testimonios, o del más reciente al más antiguo

  - Asegúrate de que cada testimonio refleje uno de los servicios que ofreces

- Página de contacto

  - Menciona tu nombre, tus pronombres y tu método de contacto preferido

  - Si das tu dirección de correo electrónico, asegúrate de que se pueda hacer clic en ella

  - Si usas un formulario que el cliente necesita completar, asegúrate de que funcione (es fácil probar un formulario de contacto; recuerda hacerlo de manera periódica para comprobar que funcione). No olvides responder a estos mensaje dentro de las primeras 48 horas.

Una vez que hayas implementado estos conceptos básicos del sitio web y diseñado tu sitio web como una herramienta de networking efectiva, asegúrate de incluirlo en tu firma de correo electrónico, en cualquier perfil en línea que mantengas con organizaciones o plataformas de redes sociales y en tus tarjetas de visita. Quieres estar seguro de que ese gran cliente que está tratando de conseguir un editor pueda encontrarte y conectarse fácilmente y que los colegas que intentan recomendarte trabajo puedan hacerlo fácilmente, sin pasar demasiado tiempo buscando tu información.

## SEO (optimización para motores de búsqueda)

Si alguna vez hubo un acrónimo que significó tanto para los freelancers en los últimos años es *SEO (search engine optimization)*. ¡La optimización de motores de búsqueda lo es todo para un sitio web! Hay tanto que decir sobre la SEO y cómo podemos aprovecharla para nuestros sitios web que a veces se siente como un pozo sin fondo en el que tenemos miedo de entrar, pero sabemos que necesitamos hacerlo si queremos que nos encuentren en línea.

Debido a que explicar SEO en detalle está más allá del alcance de este libro, no lo haremos, pero te recomendamos que te informes, que aprendas sobre el tema y tal vez incluso que tomes una clase. Por ejemplo, la editora Michelle Lowery tiene muchos años de experiencia invaluable en este campo y ofrece una excelente clase sobre SEO.

> *La optimización de motores de búsqueda es un proceso continuo. Siempre hay más palabras clave para optimizar, más contenido para crear, más enlaces para obtener, más clasificaciones para lograr, más tráfico para construir y más conversiones para cumplir. No hay un día en que la SEO se sienta y diga: "¡Ya está!"*

—*Stoney deGeyter*,
DIRECTOR DE MARKETING DIGITAL PARA SEARCH ENGINE JOURNAL

# INSIGHT: ACCESIBILIDAD

Ya sea que estés diseñando tu sitio web, publicando un enlace a tu último post de blog o subiendo un video a Instagram, tómate un momento para considerar cómo llegar a la mayor cantidad posible de personas, mientras creas un espacio que acoja a la mayor cantidad de personas posible. Después de todo, las redes sociales son una herramienta para construir comunidad (y networking), y para que sean efectivas debemos invitar a las personas en lugar de excluirlas. Necesitamos asegurarnos de que no estamos perpetuando barreras que mantendrán a alguien alejado de las herramientas y el apoyo que necesitan para lograr sus objetivos. Una buena manera de hacerlo es aprendiendo sobre herramientas y prácticas de **accesibilidad**. Cuando estas herramientas y esta mentalidad **inclusivas** formen parte de nuestro enfoque de networking, más personas podrán interactuar con nosotros y con nuestro contenido, y nuestra red social también se beneficiará.

Muchas plataformas, como Squarespace, Wix, Facebook, Instagram, YouTube y LinkedIn tienen herramientas de accesibilidad y guías de usuario integradas, y también hemos incluido algunos recursos en el apéndice E. Los primeros pasos incluyen hacer que tu contenido sea más accesible para los lectores de pantalla (tecnología/software de asistencia que ayuda a los lectores ciegos y con baja visión a usar contenido digital) haciendo cosas como etiquetar fotos y videos con texto alternativo (Alt + text), proporcionar subtítulos para posts que contengan audio/videos, y usar Camel Case (conocido también como "letra de caja camello", o combinación de mayúsculas y minúsculas) en hashtags (#NetworkingForFreelanceEditors en lugar de #networkingforfreelanceeditors). ¿Por qué? Porque los lectores de pantalla no identifican que un hashtag tiene dos palabras si están escritas juntas en minúscula. Pero sí lo captarán si escribimos las palabras juntas usando una mayúscula para identificar cada palabra.

Además de mejorar la accesibilidad, estos ajustes menores también propician que las comunicaciones de tu empresa sean más efectivas y útiles para tu público. Por ejemplo, el uso de texto alternativo tiene beneficios definitivos de SEO. Estas frases cortas y descriptivas permiten a los motores de búsqueda acceder a contenido visual al que de otro modo no tendrían acceso. Si usas infográficos puedes vincular a una versión de texto de esos mismos gráficos, lo que ayuda a SEO y permite a los lectores de pantalla acceder al contenido real.

Además, cuando diseñes imágenes o cuando decidas los colores de tu marca, presta atención al contraste de color y cómo afecta la legibilidad para las personas con daltonismo. Del mismo modo, algunas fuentes de letras son más accesibles para los lectores con dislexia. Ten en cuenta cómo lo que eliges puede hacer que sea más fácil o más difícil acercarte y conectarte con clientes y colegas potenciales por internet.

Puede parecer que hay mucho que aprender si quieres que tu contenido y tus comunicaciones sean accesibles, pero no te sientas abrumado que ni siquiera lo intentes. Crear contenido accesible está en tu poder. Consulta los recursos en el apéndice E para comenzar.

## Hoja de networking trimestral

> **Tareas para mi sitio web:**

## Check-in de editor:

Después de completar la hoja de autoevaluación del sitio web, Ana se dio cuenta de que su sitio web clamaba "fangirl", no "editora profesional que puede preparar tu novela para ser un best-seller". Estos son los cambios de alto nivel que Ana decidió implementar para que su sitio web funcione como parte de su estrategia de networking.

> **Acción para mis comunicaciones personales:**
> 1. Me tomo el tiempo de saludar y conectarme a un nivel humano-humano.
> 2. Me aseguro de responder los mensajes dentro de las 24 horas siguientes. Si no puedo hacerlo, utilizo una respuesta automática que les confirma que recibí el mensaje y que les contestaré dentro de 48 horas.
> 3. Digo "gracias" más seguido.
> 4. Agrego una cita interesante que refleja mi marca/estilo de trabajo a mi firma de correo electrónico.

# CAPÍTULO 6
# TÁCTICA DE NETWORKING #2
## *COMUNICACIONES PERSONALES*

> *Depende de ti crear las oportunidades para encontrar conexiones.*

—*Michelle Tillis Lederman*, The 11 Laws of Likability

Es fácil subestimar el impacto que tienen nuestras comunicaciones personales diarias en nuestros esfuerzos de networking. Cuando pensamos en un plan de networking tendemos a imaginar un compromiso radical con una nueva forma de exponernos. Algo desafiante, tal vez un poco aterrador, definitivamente fuera de nuestra zona de confort. Pero un punto positivo es que la creación de redes comienza con algo tan pequeño como la forma en que interactuamos con cada persona con la que entramos en contacto. Tenemos el poder de construir nuestra red social con algo tan simple como cada correo electrónico que enviamos.

¿Esperabas una tarea hercúlea? ¿Es esto demasiado fácil para que valga la pena? Ten en cuenta que necesitarás disciplina y consideración, ser consciente y estar presente en el momento en vez de tomarlo a la ligera. Las relaciones se construyen poco a poco, y cuando nos enfocamos en nuestras comunicaciones como una táctica de networking intencional podemos aprovechar el poder de este crecimiento incremental.

En este contexto, ¿qué cuenta como "comunicaciones"? Nuestro enfoque estará en el correo electrónico porque es una de las actividades que la mayoría de nosotros tenemos que usar todos los días, pero otros ejemplos incluyen publicaciones en redes sociales, comentarios en plataformas de grupo (por ejemplo, grupos cerrados de Facebook, grupos en Slack o Whatsapp), incluso algo tan sencillo como las palabras al cierre de una factura o un mensaje automático de correo electrónico cuando estás fuera de la oficina o de vacaciones. (Linda tiene el récord del mejor mensaje fuera de la oficina. En lugar de un mensaje serio e insípido diciendo que no estará disponible, su mensaje era gracioso y tenía la imagen de una escena idílica en la playa. Decía que estaba ocupada recargando sus baterías, pero que volvería con energía y mejor que nunca al siguiente día hábil.)

Entonces, ¿cómo hacemos que los correos electrónicos cotidianos funcionen para nosotros desde una perspectiva de construcción de redes? Es cierto que ésta es, en muchos aspectos, una táctica de red menos específica que la creación de un sitio web, pero al prestar atención al hecho de cómo interactuamos con los demás a un nivel básico podemos desarrollar buenos hábitos de comunicación que nos harán más exitosos en el cultivo de relaciones. Veamos cómo el mensaje y el medio de nuestras comunicaciones personales pueden contribuir a construir la red que necesitamos.

# EL MENSAJE

La creación de redes da resultados cuando somos auténticos y hacemos nuestro mejor trabajo, cuando demostramos que somos personas con quienes trabajar es fácil, que somos atentas y profesionales. Todos tenemos días malos, pero en la creación de redes deseamos construir una imagen de quiénes somos en nuestros mejores días: alguien que la gente quiere contratar, alguien que quiere recomendar a sus propios clientes (si brindamos un servicio adyacente), alguien a quien quiere enviar los trabajos que esa gente no puede hacer en ese momento. Alguien en quien confían y los va a hacer quedar bien.

Por lo tanto, es importante ser consciente de cómo nos presentamos y dónde enfocamos nuestra energía. Es posible que no siempre tengamos los medios para ser optimistas y agradables al final de un largo día, pero nos tomaremos cinco segundos adicionales para escribir el nombre de la persona con la que nos estamos comunicando y cerraremos con un "gracias", en lugar de disparar una sola línea de mensaje. Tenemos que acordarnos de que hay otra persona en el extremo receptor y de que quizás ella también haya tenido un día largo y difícil, así que aprovechemos la oportunidad para conectarnos con esa persona, aunque sólo parezca que sea dispensadora de la información que necesitamos.

Recuerda que parte de la construcción de relaciones de networking radica en crear espacio para la interacción positiva. Esto significa ser accesibles, mostrar que estamos abiertos a ayudar a los demás cuando podamos y que estamos interesados en su trabajo y en sus desafíos. En los años transcurridos desde que codirigimos por primera vez el Programa de Bienvenida de la Iniciativa de Diversidad de la EFA (Diversity Initiave's Welcome Program), muy seguido se nos han acercado editores nuevos (y establecidos) que buscan orientación o asesoramiento. Al principio era difícil imaginar que tantos editores hubieran oído hablar del Programa de Bienvenida, que apenas comenzó en 2018, pero luego nos dimos cuenta de que ambas tratamos de ser accesibles y empáticas a través de nuestra elección de trabajo voluntario y de nuestras interacciones con los otros, y que las personas que ni siquiera conocemos captan esto. Al igual que muchos de nuestros colegas, sabemos lo que implica necesitar desesperadamente una palabra de seguridad o el tipo de perspectiva que sólo viene con años de experiencia en la industria. Y debido a que otros editores se tomaron el tiempo para responder a nuestras preguntas cuando estábamos comenzando o trabajando para superar desafíos, hacemos el esfuerzo de hacer y ofrecer lo mismo.

Muchas veces nos preguntan: ¿esto redunda en recibir más trabajo y oportunidades nuevas? A veces sí. A veces no. Y a veces los resultados son grandes, fantásticos y remunerables, pero no llegan hasta después de uno, dos o tres años. Por eso subrayamos que la creación de redes sociales profesionales implica mucho más que tratar de aumentar un resultado neto o un ingreso económico anual. Se trata de construir conexiones que enriquezcan al individuo, pero también al grupo. Se trata de abrirse a las posibilidades y a la serendipia que nos espera.

Nuestra conclusión: estar presente, ser uno mismo y compartir nuestros conocimientos.

## Consejos sobre la comunicación

- ✉ Contacta regularmente a clientes y colegas (felicítalos por sus éxitos, deséales un feliz cumpleaños, comparte con ellos artículos interesantes o tu publicación de blog, pregúntales sobre el progreso de sus proyectos, etcétera). Recuerda aprovechar el beneficio que conlleva la comunicación frecuente.

- ✉ No esperes las ocasiones especiales: envíales mensajes de texto o correos electrónicos cuando los tengas presentes.

- ✉ Establece recordatorios si a menudo estás demasiado atrapado en tu trabajo para ser espontáneo.

- ✉ No te acerques sólo cuando necesites algo. Todos quieren ser apreciados por lo que son, no únicamente por lo que pueden hacer por ti.

- ✉ Considera crear un boletín informativo *(newsletter)* para proporcionar a tus lectores la oportunidad de conocerte y de conocer lo que haces mejor.

- ✉ Si tienes clientes o colegas multiculturales, agenda las fiestas o los días feriados nacionales que ellos celebran y demuestra respeto por los días laborales fuera de la oficina.

- ✉ Vacía tu buzón de correo de voz de manera regular. Asegúrate de que sea fácil para las personas comunicarse contigo.

- ✉ Invierte en papelería, sellos o estampillas, ¡envía notas personales! Todos lo aprecian.

- ✉ Reconoce la amabilidad de tus clientes o colegas con regalos de agradecimiento cuando sea apropiado.

## Comunicaciones cotidianas que deben alinearse con tus esfuerzos de networking

- 👤 Tu mensaje de correo de voz (deja que tu personalidad se manifieste; sé profesional, pero muéstrate interesante)

- 👤 Tu perfil en directorios profesionales (presenta un mensaje/una marca consistente)

- 👤 Las actualizaciones que publicas en tu perfil de LinkedIn (o el título que utilizas en LinkedIn)

- 👤 Tu foto en tus perfiles de redes sociales

- 👤 Tu currículum como presentador, escritor, ganador de un premio o la designación otorgada por los miembros de la mesa directiva

- 👤 Tu factura (recuerda agradecer a tus clientes; hazles saber que las referencias son apreciadas)

- 👤 La manera en que participas en un chat de social media

Tus fotos y tu texto cuando usas #StetWalk*** (un saludo a Tanya Gold, que inventó el hashtag y el movimiento para editores de salir a caminar todos los días y publicar una foto de su caminata).

La página de contacto de tu sitio web (deja que los visitantes sepan tus horarios de trabajo y si respondes o no en el lapso de veinticuatro horas, o de un día hábil o de otro periodo de tiempo. Es importante que establezcas expectativas y que las honres).

La forma en que te presentas en cualquiera de estos "encuentros de networking" es tan importante como una invitación VIP, un fuerte apretón de manos o un discurso de ascensor interesante.

Nota de las autoras: la gran mayoría de los clientes con los que trabajamos radica en Estados Unidos, por lo que seguimos las reglas de la comunicación profesional más utilizadas en este país: correo electrónico o videollamada. Es muy raro que nos comuniquemos con un cliente a través de mensaje de texto (¡y nunca por mensaje de audio!) porque es poco profesional. Pero la razón más importante es que queremos tener un "rastro" de cada comunicación para evitar confusiones o malentendidos en un proyecto. Utilizando correos electrónicos y archivando los mensajes de un proyecto en una carpeta de correo electrónico todas las comunicaciones están en el mismo lugar y es más fácil revisar detalles cuando es necesario.

# EL MEDIO

A menudo deseamos recibir, al comienzo de nuestras carreras, un manual acerca de cómo "existir" en un entorno empresarial. El manual nos diría cosas como "prepárate para asumir el control de las soluciones que sugieres" y "aprende el arte del triaje en el lugar de trabajo". Se dedicaría un capítulo entero a las mejores prácticas del uso del correo electrónico de manera eficiente, desde resumir datos e información hasta los beneficios de las viñetas, pasando por cómo hacer preguntas directas sobre lo que necesitamos saber y cómo indicar los pasos a seguir .

Por ahora te ofrecemos una lista de algunas cosas que hay que tener en cuenta para crear correos electrónicos efectivos que te mostrarán como el editor independiente organizado (y no complicado) que eres. Hemos descubierto que la implementación de estos pasos contribuye

---

*** "Stet" en inglés es una indicación que significa cancelar una corrección hecha previamente. Como los editores pasamos tanto tiempo sentados delante de un escritorio y una computadora, el #stetwalk es una invitación a salir a caminar y a tomar un poco de aire fresco todos los días. Los editores que lo hacemos publicamos una foto de la caminata en social media con ese hashtag.

a establecer confianza con colegas y clientes, lo cual propicia que sea más probable construir una red social profesional efectiva con ellos.

- Crea plantillas de correo electrónico predeterminadas que puedas personalizar. Puedes preparar con anticipación una respuesta útil a una pregunta o un pedido que recibes con frecuencia; así tendrás más tiempo para concentrarte e interactuar con el destinatario (agregando un saludo personal) y sonarás menos abrupto o cortante. Ésta también es una buena herramienta para evitar los errores ortográficos de última hora que surgen cuando tenemos prisa (los expansores de texto son una herramienta ideal para usar aquí).

- Ten una respuesta de vacaciones si te vas a ir por unos días. Esto le permite a tu cliente o colega saber que tu ausencia está planificada y que los contactarás cuando regreses a tu oficina.

- Crea una línea de firma bien pensada. Tal vez agregues tus enlaces de redes sociales o de organizaciones a las que perteneces (lo que mejora la credibilidad). O agrega una cita, ya sea un lema o tu frase literaria preferida.

- Ten en cuenta las necesidades de tu lector cuando crees correos electrónicos:

  o Usa un saludo apropiado. Tómate el tiempo para reconocer a la persona en el otro extremo; equilibra los correos electrónicos directos con una actitud amigable y acogedora.

  o Reconoce y aprecia los esfuerzos o las contribuciones hasta la fecha de tu colega o tu cliente.

  o Indica el propósito del correo electrónico. Mantente en el tema y concéntrate en los detalles que son necesarios para la toma de decisiones.

  o Usa viñetas u otras técnicas de formateado para evitar que la información importante o las preguntas se pierdan en el texto principal.

  o Formula preguntas directas.

  o Recapitula tu comprensión de la situación o los próximos pasos a seguir. Sé claro acerca de las fechas y los plazos. Establecer expectativas es esencial.

  o Ofrécete a responder preguntas (o incluso a hablar por teléfono).

  o Agradece a tu lector/destinatario.

*Es natural enfocarnos en lo que necesitamos, pero conectarse con los demás significa realmente escuchar lo que dicen y reconocer cómo también podemos ayudarlos a alcanzar sus metas.*

—BRITTANY DOWDLE

# *Autoevaluación: hábitos de comunicación*

## 👤 General

¿Cuál es tu método de comunicación preferido (teléfono, mensajes de texto, correo electrónico, etcétera)?

_____

Tu método preferido ¿está alineado con el de tus clientes?

_____

Si no es así, ¿qué ajustes puedes hacer para aumentar tu nivel de comodidad mientras aceptas sus preferencias?

_____

¿Qué hábitos de comunicación de los demás encuentras muy frustrantes, opuestos a una comunicación clara?

_____

_____

¿Cuáles de tus hábitos podrían afectar una comunicación clara y el desarrollo de una relación profesional?

_____

## 👤 Evaluación de correo electrónico

¿Siempre incluyes una línea de destinatario? ("Querida Ana", "Hola, Joy")_____

¿Incluyes un saludo personalizado? _____

¿Cómo cierras la comunicación? _____

    ¿Los invitas a continuar la charla? ¿Les comunicas sobre tu disponibilidad para contestar preguntas?_____

    Los enlaces a tu sitio web y a tus redes sociales ¿están incluidos en tu firma?   Sí   No

    Los nombres de las organizaciones a las que perteneces, ¿están incluidos en tu firma?   Sí   No

Tus mensajes ¿son largos y llenos de detalles?   Sí   No

¿Son lo más humanamente cortos posibles?   Sí   No

¿Usas viñetas para resaltar preguntas específicas que necesitan respuestas?   Sí   No

Describe el tono general de tus comunicaciones en tres palabras: _____

_____

**Ahora, elige al azar cinco mensajes de tu carpeta de enviados (de no más de un mes de antigüedad)**

Tus respuestas de la sección anterior, ¿reflejan lo que ves en estos mensajes?

_____

Nota las diferencias y evalúa si ajustando tu estilo de comunicación se pueden evitar malentendidos, mejorar tu eficiencia, atraer al lector, alentarlo a buscar soluciones, o crear un espacio para conocerse más y ser conocido como el editor detrás de las correcciones.

_____

_____

_____

_____

**Selecciona algunos correos electrónicos de dos de tus contactos cuyos mensajes sean claros, accionables y personalizados constantemente.**

Aplica las preguntas previas a esos mensajes y anota tus respuestas.

¿Qué aprendiste que puedes aplicar a tu propio estilo de comunicación? _____

_____

_____

_____

_____

_____

## LA PERSPECTIVA DE LINDA

Mis primeras comunicaciones con mis clientes suelen ser por correo electrónico o por mensajes directos en Instagram o LinkedIn. Después de algunos intercambios de correo electrónico, en los que aprendo más sobre el proyecto de mi cliente, los busco en línea (estudiándolos) en LinkedIn, Facebook o Instagram. Esto generalmente me da una buena idea acerca de cómo es su personalidad. Luego, para verificar que podríamos trabajar bien juntos, hago una consulta/entrevista gratuita de treinta minutos por teléfono o por videollamada para escuchar al cliente y entender lo que necesita, así como para aclarar cualquier duda que pueda tener y viceversa. Si ambos estamos en la misma línea, les envío un contrato y entonces comienza nuestro trabajo. Para los autores o los editores con los que hago coaching, generalmente realizo una videollamada semanal de una hora. Para los autores cuyo trabajo sólo estoy editando, en general me limito al correo electrónico y llamo únicamente si tengo alguna consulta importante que siento que debe comunicarse de manera clara e inmediata. También uso mucho el teléfono en esos días para evitar errores de comunicación por correo electrónico; a veces una llamada telefónica rápida toma menos tiempo que escribir un correo electrónico y la mayoría de los clientes aprecia que me comunique con ellos de manera oportuna.

## LA PERSPECTIVA DE UN EDITOR

La mayor parte de mi networking se realiza a través de grupos de correo electrónico, haciendo preguntas y respondiendo cuando puedo hacerlo... Cuando viajo, generalmente publico avisos en esos grupos para ver si alguien quiere reunirse para almorzar o para tomar un café. He hecho buenas conexiones con este método.

—ÆLFWINE MISCHLER, MISCHLER EDITORIAL

## ¡EXTRA!

### Cosas que facilitan el networking

- Una presentación corta y directa
- Plantillas de correo electrónico (para elogios, para presentaciones, para rechazar trabajos, para recomendar trabajo, para agradecimientos, para compartir recursos)
- Testimonios de clientes en el sitio web o en el material impreso
- Tarjetas de visita
- Enlaces de contacto en los que se puede hacer clic (firma de correo electrónico, contratos, propuestas)
- Solicitar referencias/reseñas en su factura
- Tener muestras de tu trabajo a disposición

# INSIGHT: LA IMPORTANCIA DE SER... TÚ MISMO

Debido a que a menudo se habla de la creación de redes como un elíxir mágico pero elusivo que debemos obtener para tener éxito, muchos de nosotros dejamos que esa presión se extienda a nuestros esfuerzos de networking. Esperamos resultados instantáneos y, a veces, tratamos a otros como dispensadores PEZ de networking. Sentimos la necesidad de estar "prendidos" todo el tiempo, de convertir los encuentros cotidianos en conversaciones a través de las cuales vendemos nuestros servicios, o de exprimirle la "vida" a cada oportunidad, incluso cuando causaríamos una impresión mucho mejor —y sentaríamos las bases para una relación más real— si simplemente respiráramos y respetáramos los límites de los demás. El resultado de esta presión de redes es que a veces parecemos muy egocéntricos, incluso si ésa no es nuestra intención.

Al mismo tiempo, algunos sentimos la necesidad de autocensurarnos, de despojar nuestras comunicaciones de personalidad para encajar en el molde como "profesionales". El resultado es que nos sentimos incómodos y terminamos sonando aburridos o falsos. Al final, nos mezclamos con el fondo y desaparecemos como un cuadro más en la pared. Es algo que otros captan casi inconscientemente y es una forma segura de sabotear nuestros esfuerzos de creación de redes.

Nada de esto debería ser una sorpresa: cuando estamos bajo presión es una reacción natural querer avanzar obstinadamente o, por el contrario, mantenernos a salvo entre las líneas consagradas por el tiempo. Esta sensación competitiva es la versión de networking de "luchar, congelarse o huir".

Por el contrario, trata de adaptarte, de ser tú mismo.

Cada uno de nosotros tiene su propia voz, que se manifiesta en nuestro discurso, en nuestra escritura y en nuestras elecciones expresivas, desde los colores de nuestra marca hasta nuestras fuentes de letras preferidas. Esa voz única es una parte esencial de nuestra red: ¡es nuestra firma! Cuando nos permitimos ser nosotros mismos, abrazar nuestras peculiaridades y nuestras idiosincrasias sin dejar de ser trabajadores hábiles practicantes de nuestras vocaciones elegidas, nos volvemos, como dice la exitosa editora Louise Harnby, "interesantes" y "memorables". De ese modo nos sentimos cómodos en nuestra propia piel, cuando tenemos confianza en nuestras habilidades y cuando podemos hacer las conexiones reales sobre las que se construyen las redes. Las redes superficiales no crean comunidades enriquecedoras y no atraen las iniciativas y las oportunidades que estamos buscando. Para construir redes profundas, efectivas y de múltiples niveles tenemos que ser, aunque parezca un cliché, fieles a nosotros mismos. Y, al hacerlo, podemos crear redes inclusivas, solidarias y enriquecedoras.

*Una red no sólo tiene que establecerse con quien te encuentres en el trabajo, sino con cualquier persona en tu ámbito de 360 grados.*

—Samantha Nolan, Nolan Branding

## LA PERSPECTIVA DE BRITTANY

¿Quién cuenta como contacto de redes? ¡Todos los que conoces! Clientes actuales/anteriores, empleadores, compañeros de trabajo, visitantes del sitio web, amigos/familiares/vecinos (en persona y en línea), proveedores de servicios profesionales (tu contador, el personal de contabilidad de tu cliente, tu dentista, todos en tu red personal). Con frecuencia tendemos a pensar que nuestros futuros clientes están "ahí afuera" y debemos encontrarlos de alguna manera, pero la ventaja de abordar tus actividades interpersonales cotidianas como oportunidades de networking es que ayuda a traer el "allá afuera" aquí cerca.

Las personas de tu red personal ya te conocen; saben que haces un esfuerzo adicional cuando es necesario, que ayudas a tu vecino regando sus plantas si están de vacaciones, que llevas a cabo pequeñas cosas para hacer la vida de otras personas un poco más fácil y menos estresante. Ellos identifican tu ética de trabajo y saben que eres fácil de tratar. Estas son las personas que pueden recomendarte de todo corazón cuando conocen a alguien que necesita que se edite su currículum, que se revise su primera novela gráfica, que se indexen sus memorias de viaje. Y no tienes que ser vendedor ni autopromocionarte para poner sus comunicaciones personales a trabajar. Sólo necesitas ser tú mismo y no ocultar tu trabajo.

Entonces, cuando la empleada de la tintorería te pregunta cómo transcurrió tu semana, en lugar de decir: "Estoy saturada de trabajo. Si nunca veo otro participio seré feliz", podrías decir: "Acabo de terminar de editar una increíble fantasía de historia alternativa. Fue mucho trabajo, pero estoy muy contenta de verla publicada". ¿Cuántos de tus clientes o de tus proveedores tienen un trabajo tan interesante? La "fantasía de historia alternativa" se quedará en su mente. Y cuando la dentista de esa empleada le cuente sobre la novela que está escribiendo y con la que está luchando, ella será el héroe que la ponga en contacto con un gran editor.

## *Hoja de networking trimestral*

**Acción para mis comunicaciones personales:**

## *Check-in de editor:*

Después de que Ana estudió sus propios hábitos de correo electrónico se dio cuenta de que, en su intento de sonar profesional, estaba en modo de editor-robot y mantenía sus relaciones cotidianas con otras personas en un nivel superficial. Ana eligió cuatro pasos simples para ayudar a posicionar sus comunicaciones personales para una red más efectiva.

**Acción para mis comunicaciones personales:**
1. Me tomo el tiempo de saludar y conectarme a un nivel humano-humano.
2. Me aseguro de responder los mensajes dentro de las 24 horas siguientes. Si no puedo hacerlo, utilizo una respuesta automática que les confirma que recibí el mensaje y que les contestaré dentro de 48 horas.
3. Digo "gracias" más seguido.
4. Agrego una cita interesante que refleja mi marca/estilo de trabajo a mi firma de correo electrónico.

# CAPÍTULO 7
# TÁCTICA DE NETWORKING #3
## *SOCIAL MEDIA*

*Haz de tu red social una fuente de alegría. Construye una llena de personas con las que disfrutes pasar tiempo y ayudar. Personas que se preocupan por tu desarrollo y tu éxito y con quienes te sientas cómodo revelando tus contratiempos y buscando su consejo.*

—Marie Kondo y Scott Sonenshein, Joy at Work

Las redes sociales pueden parecer especialmente estresantes en el mundo abrumador de hoy, cuando los medios nos siguen a todas partes y se espera que nos involucremos de manera activa con nuestros clientes existentes, nuestros clientes potenciales y nuestros colegas, todo mientras participamos en social media diciendo algo interesante y útil. ¿Cómo nos mantenemos al día con las tendencias? ¿Con la tecnología? ¿Con quién deberíamos conectarnos realmente? ¿Cuál es la plataforma adecuada para publicar determinado tipo de información? ¿Necesitamos estar en todos lados? ¿Y nuestra vida privada? ¿Se revelará o puedo evitar dar a conocer tanta información? ¡Tantas preguntas válidas!

Muchos de nosotros comenzamos a interactuar en las redes sociales como una forma de mantenernos en contacto con amigos y familiares que viven lejos. Han pasado años desde que las redes sociales han evolucionado a partir de eso (y no siempre de manera positiva), pero hoy sabemos, gracias a datos ciertos, que estar en las redes sociales es otra forma importante de encontrar y descubrir clientes nuevos (entre una extensa lista de otros beneficios y peligros).

Sean cuales sean tus creencias sobre las redes sociales queremos alentarte a que pienses en ellas como una herramienta en tu kit que te redituará grandes recompensas si las utlizas correctamente y de una manera que funcione para ti. Si eres reacia a las redes sociales (como lo son muchos editores), puedes seguir adelante y saltar al capítulo 8 (p. 99)… O valora la pertinencia de quedarte con nosotros aquí para ver si hay algunas formas divertidas y de bajo estrés para hacer que las redes sociales formen parte de tu estrategia de networking.

Forbes Insights publicó un estudio titulado "Reuniones de negocios: el caso del cara a cara", que analizó el valor percibido de las reuniones en persona y la creación de redes frente a las actividades de networking virtuales. Aunque muchas personas preferían las interacciones directas, otras pusieron énfasis en algunas ventajas distintivas del compromiso virtual:

- Ahorra tiempo (92 por ciento)
- Ahorra dinero (88 por ciento)
- Más flexibilidad en cuanto a la ubicación y el tiempo (76 por ciento)
- Permite al participante realizar tareas múltiples (64 por ciento)
- Aumenta la productividad (55 por ciento)
- Capacidad para archivar sesiones (49 por ciento)
- Menos presión de grupo (16 por ciento)

Ésta es una interesante manera de ver nuestro tiempo en las redes sociales, ¿verdad?

Entonces, evaluemos tu presencia actual en las redes sociales con el siguiente ejercicio.

## *Hoja de autoevaluación: chequeo de social media*

¿En qué plataforma tienes una cuenta?

_____

_____

_____

¿Qué plataforma usas semanalmente?

_____

_____

_____

¿En qué plataformas socializas con otras personas?

_____

_____

_____

¿Cuál es tu plataforma preferida?

_____

¿Cuál es la menos favorita?

_____

¿Cómo **se alinean** estas plataformas con las que usan las personas con las que necesitas contactarte?

_____

_____

**Para cada plataforma que tienes, pregúntate:**

¿Soy exitoso? _____

_____

¿Cómo defines tu éxito en este contexto (número de seguidores/número de comentarios/oportunidades de trabajo/aprendizajes nuevos/construyendo relaciones)?

_____

_____

¿Estás midiendo tus esfuerzos y tus resultados o te estás guiando por el instinto?

_____

_____

# ELIGIENDO UNA PLATAFORMA

No tenemos todo el tiempo del mundo para estar en las redes sociales, por lo que es esencial elegir una o dos plataformas con las cuales podamos trabajar y que realmente disfrutemos al usarlas. ¡Sí, disfruta!

Incluso si evitas las redes sociales, sin duda conoces las principales plataformas que existen, sabes cuáles has probado (con éxito o sin éxito) y probablemente sepas cuáles deberías considerar usar, tanto en términos de tu público objetivo como de tu propio nivel de comodidad. Si no estás segura, prueba el breve cuestionario de Interact llamado "¿Qué plataforma de redes sociales es mejor para ti?" Aunque no ofrece una solución integral para elegir una plataforma, te proporcionará una idea bastante buena de dónde debes comenzar en función de tus objetivos y de la demografía de tu cliente ideal.

Antes de continuar, unas palabras sobre "la mejor plataforma de redes sociales para el networking": ¡disipemos el mito ahora mismo! No existe la mejor plataforma de redes sociales para el networking. Todas pueden ser excepcionales, o pesadillas que absorben el tiempo, dependiendo de cómo las uses. Todos los editores exitosos que conocemos usan o recomiendan diferentes plataformas de redes sociales. Están los inquebrantables fans de LinkedIn; los editores que sólo siguen grupos de edición de Facebook, o aquellos que se conectan en Clubhouse o Discord. Algunos de nosotros somos instagramers leales. Y otros más se adhieren a Pinterest. No existe una regla universal para lo que funciona mejor. Lo que importa es lo que es natural para ti, lo que te interesa o a lo que estás dispuesto a dedicar un poco de tiempo y, en última instancia, dónde puedes conectarte con los miembros de la red que desees. No dejes que nadie te convenza de que una es mejor que las otras plataformas. Puedes encontrar una conveniente y tener éxito desde el principio, o, como nosotros, puedes probar diferentes para descubrir qué plataforma disfrutas más.

Con eso en mente, utilizando las ideas del capítulo 4 sobre con quién deseas conectarte, averigüemos dónde pasan tiempo en línea tus clientes y tus colegas ideales. Comienza preguntando a tus clientes anteriores o existentes qué redes sociales utilizan. Indaga con otros editores independientes qué plataforma funciona mejor para su estrategia de networking. Si aún no conoces a ningún editor, echa un vistazo a las organizaciones que enumeramos en el apéndice D, o a los grupos de edición de Facebook, y localiza a los editores que comparten tu especialidad. ¿Dónde pasan tiempo en línea estos eventuales contactos de redes?

Hablar con tu red sobre tu estrategia de redes sociales también puede abrir la puerta a una discusión más profunda, lo que te permitirá descubrir oportunidades para ayudar a tus colegas y también a tus clientes. Pero incluso si no estás lista para hablar con compañeros y clientes sobre sus redes sociales, puedes investigar fácilmente dónde están en línea y evaluar su contenido y su compromiso con ellas. Cuando sepas dónde están más activos, puedes usar esa información para guiar tu propia estrategia de redes sociales.

A continuación, para agregar otra capa de profundidad a este análisis informal, procura observar (sin tener que participar) las listas de discusión de editores y escritores, foros y tableros de mensajes. Busca palabras clave que reflejen tu área de especialización (por ejemplo, "edición académica", "traductor", "escritor fantasma", "diseñador de libros", "escritor", "disertaciones", "indexador", etcétera). ¿Entiendes la idea? Realiza el mismo tipo de búsqueda de palabras clave en Google, LinkedIn o Medium. Concéntrate en las plataformas que disfrutas usar para comprender lo que está sucediendo allí con respecto a estos temas específicos de la industria. Combina esto con lo que aprendiste al hablar con clientes y compañeros, luego completa el siguiente módulo o el diagrama de superposición de redes sociales de la página 82 (¡o ambos!) para que quede muy claro dónde debes estar.

Veamos lo que has descubierto hasta ahora.

¿Qué plataformas de redes sociales utilizan mis contactos de red deseados?

Clientes: _____

_____

_____

_____

_____

_____

Colegas: _____

_____

_____

_____

_____

¿Qué plataforma(s) de redes sociales me resulta(n) cómoda(s) ahora? _____

_____

_____

_____

¿Dónde se superponen?_____

_____

_____

_____

_____

_____

_____

_____

_____

_____

# La superimposición de redes sociales

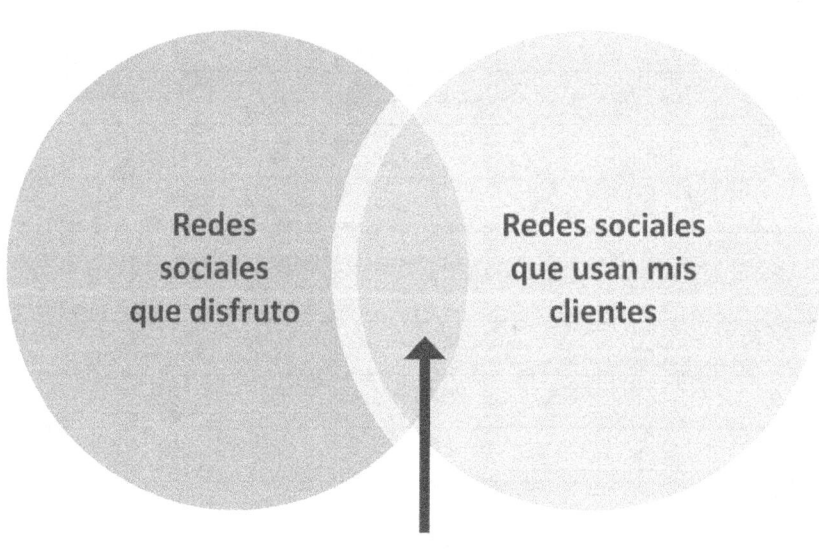

*Diagrama de superposición de redes sociales.*

Si hay superposición, ¡excelente! Sabes en qué plataforma(s) enfocar tus esfuerzos para este trimestre. Si no, entonces cava un poco más profundo. Pregúntate: *¿Por qué las redes sociales X son cómodas para mí?* Luego cuestiona: *¿Cómo puedo usar este conocimiento para ayudarme a tener éxito con la plataforma en la que mi red deseada/contactos ideales están más activos?*

Por ejemplo, nuestro colega editor Alex podría sentirse cómodo con el uso de Facebook porque ha estado en él durante muchos años, pero TikTok es abrumador y caótico para él. Sin embargo, muchos de sus clientes ideales y de sus colegas profesionales editoriales están más activos en TikTok. ¿Cómo puede hacer que TikTok se sienta más personal y enfocar su círculo de compromiso allí? Una respuesta es usar listas para crear una experiencia de Twitter más personalizada. Al estar dispuesto a examinar su zona de confort y aprender sobre su zona de incomodidad, Alex puede crear un compromiso que le permitirá establecer contactos más efectivos con las personas a las que más necesita llegar.

Este análisis de dónde pasan tiempo tus clientes y tus colegas en línea es algo que debes procurar hacer una vez al año, después de haber establecido tus objetivos de trabajo. Esta información cambia con el tiempo, por lo que lo que escribas hoy será diferente dentro de unos años, y así es como debería ser. Algunas plataformas caerán en desgracia, como hemos visto recientemente, y surgirán otras nuevas. (Ésta es una razón para asegurarte de tener un espacio en línea que puedes controlar: tu sitio web.)

Una vez que hayas trabajado en los ejercicios anteriores y completado tu investigación, deberías tener una idea sólida de dónde están activos tus clientes potenciales, así como tus colegas, y qué plataforma(s) estás dispuesta a probar. Ahora elige una o dos plataformas para enfocarte y practicar durante los próximos tres meses. Sugerimos un mínimo de tres meses para que tengas la oportunidad de ver resultados tangibles y medir si lo que estás haciendo está dando sus frutos. (¿Cuánto tiempo pasas en las redes sociales? ¿Estás creando relaciones nuevas? ¿Estás aprendiendo sobre las necesidades de tus clientes? ¿Estás construyendo tu marca?)

## LA PERSPECTIVA DE LINDA

Me encanta la fotografía, la jardinería, la repostería y la decoración del hogar, así que me siento naturalmente atraída por Instagram y Pinterest, que son escapes más visuales para las personas creativas. Me gustan algunos blogs, pero no tengo tiempo para leer muchos de ellos, así que sigo a muy pocos bloggers, y por lo general los blogs que leo están relacionados con la escritura o la edición o el trabajo de freelancer. Paso muy poco tiempo en Facebook, y cuando lo hago, sólo es para publicar imágenes de lanzamientos de libros o consejos para escritores y editores (aunque hay algunos grupos de edición increíbles a los que pertenezco y en los que debería participar más). En LinkedIn sigo a muchos agentes y editores para aprender sobre las tendencias editoriales del momento o acerca de lo que el mercado está buscando. Así que miro lo que publican y de vez en cuando comento cuando tengo algo de valor que aportar, y participo en los comentarios, siempre tratando de acotar algo positivo. Por ahora, básicamente estoy aprendiendo de otros sobre esta plataforma.

Como paso tiempo en Instagram aprovecho lo que he aprendido y disfruto, y he creado una cuenta dedicada a reseñas de libros, bookstagrams y consejos para escritores (@lindaruggerieditor). Hace unos años tomé una clase virtual de Sara Tasker que realmente disfruté, lo que me proporcionó algunos aprendizajes valiosos (Me & Orla). También he estudiado las cuentas que me gustan y he descubierto lo que tienen en común, y lo que podría construir en mi propia página que refleje mi marca, mi estilo, mis intereses y mi trabajo. Muchas de estas publicaciones se comparten automáticamente en mi página de autor/editor de Facebook y en mi cuenta (comercial) de Pinterest. Poco a poco he construido un seguimiento pequeño pero orgánico (sin la ayuda de agentes externos ni servicios pagados), y aunque la cantidad de seguidores no es de miles, es un grupo sólido, genuino y agradable de creativos con los que disfruto al interactuar con ellos.

# QUÉ PUBLICAR:
# CREAR CONTENIDO SIGNIFICATIVO

Ahora que te has comprometido a probar un par de plataformas de redes sociales, es hora de decidir qué publicar. Como mencionamos antes, si vamos a pasar tiempo (que a menudo no tenemos) en las redes sociales para atraer clientes y construir relaciones con otros editores, debemos ofrecer contenido que agregue valor a la plataforma y a la vida de nuestros clientes y nuestros colegas. Lo bueno es que no hay reglas establecidas para editores que crean contenido. La mayoría de nosotros descubrimos nuestro mensaje a medida que aprendemos y practicamos. La clave, sin embargo, es que nuestro contenido debe aportar valor. No podemos dejar de subrayar la importancia de esto.

Y, recuerda, cuando estás en las redes sociales, siempre debes hacer una de estas tres cosas:

1. Crear contenido
2. Compartir contenido
3. Comentar el contenido

Si mantienes un equilibrio entre estos tres aspectos de tu actividad en línea, seguramente estarás contribuyendo con tu comunidad al compartir tus propias ideas, seleccionar y promover información de calidad e interactuar con otros.

Ahora volvamos por un momento a nuestra definición de networking: un comportamiento que construye una red de relaciones mutuamente beneficiosas. Para aprovechar al máximo nuestro tiempo en las redes sociales combinaremos nuestra definición de redes con nuestros consejos de publicación más importantes (agregar valor). El resultado es una filosofía que nos ayuda a mantenernos enfocados en medio de la sobrecarga de información de las redes sociales: **construir relaciones agregando valor**.

Al igual que con todas las tácticas de redes, el uso de las redes sociales para el networking se reduce a usar lo que tienes (tu voz y tu punto de vista únicos) en las plataformas que a ti y a tu red les gustan usar. El objetivo no es ser famoso o simplemente acumular cada vez más seguidores, sino llegar a tu público ideal (es decir, los clientes potenciales que necesitan tus servicios y los colegas de los que puedes aprender y crecer). A medida que tengas en cuenta estas pautas, tus habilidades en las redes sociales mejorarán y tu red se expandirá de manera que respaldará tus emprendimientos.

Permítete tomarte el tiempo para hacer crecer tu audiencia orgánicamente. Deja que tus seguidores acudan a ti a medida que te descubren a través de tu contenido.

¿Y cómo se hace eso?

Agregando valor.

Proporcionando a tus colegas y a tus futuros clientes información que aportará valor a su vida profesional. Puedes ofrecer una herramienta, un libro de referencia, una lista de palabras, una idea, una regla de estilo difícil de recordar o una cita inspiradora. Puedes compartir con otros editores cómo superaste los desafíos de ser un trabajador independiente. El valor que aportas puede ser muchas cosas diferentes, pero el punto de partida para saber qué publicar es saber a quién estás tratando de llegar y qué necesita.

Prepárate para la lluvia de ideas y escribe tus respuestas en el espacio correspondiente.

## *Para clientes*

¿Quién es mi cliente ideal?

_____

_____

_____

_____

_____

_____

¿Qué necesita?

(¿Qué problema puedo ayudarle a resolver?)

_____

_____

_____

_____

_____

_____

¿Qué contenido puedo ofrecerle, con base en mi experiencia?

(¿Qué solución tengo para su problema?)

_____

_____

_____

_____

_____

_____

Como discutimos anteriormente, tus colegas profesionales de la industria también deben ser actores clave en tu red. Aprenderás de ellos, intercambiarás ideas, los ayudarás y les ofrecerás apoyo, recibirás referencias de clientes a través de ellos y les referirás clientes cuando llegue un proyecto que no sea adecuado para ti. Es posible que ya tengas y conozcas a algunos de estos colegas y a algunos que seguramente aún no conoces.

## Para compañeros

¿Quién es mi colega ideal?

_____

_____

_____

_____

_____

_____

¿Qué necesita? (¿Qué problema puedo ayudarle a resolver? ¿Cómo puedo apoyar su trabajo?)

_____

_____

_____

_____

_____

_____

¿Qué palabras clave usan los compañeros editores en sus perfiles de directorio y en sus currículums?

_____

_____

_____

_____

_____

_____

¿Qué temas discuten en las redes sociales?

_____

_____

_____

_____

_____

¿Cómo puedo añadir algo a la conversación? (¿Qué tipo de contenido puedo aportar?)

_____

_____

_____

_____

_____

_____

# INSIGHT: LA ESTRATEGIA DE REDES SOCIALES DE LINDA

## Ejemplo

Linda es una editora de no ficción especializada en memorias y biografías, por lo que crea contenido, como consejos para escritores de memorias, citas inspiradoras y mejores prácticas para escritores de memorias. Linda comparte en ese nicho fotos o imágenes de libros que ha leído, así como reseñas sobre escritura (con un comentario acerca de por qué le gustaron y quién debería leerlos). Si está publicando en Instagram, se asegura de incluir hashtags relevantes al final de su publicación (como #LatinxEditor, #DevelopmentalEditor, etcétera).

También comparte contenido en LinkedIn, como artículos o información de otros profesionales que podrían ser valiosos para editores y escritores (usando los hashtags #WritingCommunity, #EditingCommunity o #FreelanceEditor).

En Instagram, TikTok y LinkedIn, sigue los hashtags #Memoir y #MemoirWriter. Cuando descubres publicaciones con estos hashtags lee las que le interesan, y si considera que un usuario podría ser un cliente potencial, comentará con información útil o dirá algo agradable.

## Resultados

Generalmente, a Linda la buscan para colaborar en la edición de manuscritos de memorias y en sesiones de coaching para escritores. Sus seguidores son escritores o "creativos" de veinticinco a sesenta y cinco años de edad, de todo el mundo, y la mayoría son escritores primerizos que sienten que sus manuscritos están listos para ser editados o que quieren asegurarse de que están siguiendo el camino correcto con su trabajo. No todos los que le envían un mensaje directo se convierten en sus clientes, pero eso no importa, porque para Linda estar en Instagram es fácil y divertido y constituye una experiencia creativa maravillosa. Y lo que publica crea *confianza* y *seguridad* de que sabe de lo que habla. Y si el contenido que está creando puede inspirar o educar a un compañero escritor o editor, entonces ese es un resultado positivo adicional.

Al observar el contenido que crea Linda también puedes tener una idea bastante buena de su personalidad. Ten en cuenta que cuando los clientes acuden a ti porque alguien más los refirió contigo, a menudo decidirán investigar en qué plataformas de redes sociales estás activo y qué estás publicando. ¿Comparten los mismos intereses? ¿Sienten que tienen una idea clara de quién eres? Podría ser sólo esa cita/foto/consejo que publiques lo que haga que alguien sienta que eres el editor ideal para ellos. A veces, el contenido es el que crea la credibilidad que tu cliente está buscando.

# LAS REDES SOCIALES EN ACCIÓN

Tal vez tus clientes podrían beneficiarse de leer consejos para escribir su disertación de posgrado, o fortalecer el arco de la historia de un personaje, o encontrar un agente literario o un editor. Tal vez necesiten saber las "Cinco cosas que deben hacer para escribir contenido de blog". No podemos decirle qué contenido debe publicar, pero sí podemos decirle que tiene que ser relevante para el tipo de cliente que desea atraer. Y como todas las cosas, tomará tiempo construir un público. Date de tres a seis meses para experimentar y ver qué resultados obtienes, y si sientes que no estás ganando tracción, puedes probar otra cosa.

Y recuerda que cualquier publicación o comentario puede ser eliminado en cualquier momento si cometes un error o cambias de opinión. No dejes que el miedo a ser imperfecto te impida publicar. Probablemente puedas encontrar un colega que revise tus publicaciones cuando apenas comiences, y puedes hacer lo mismo por ellos. Esto es parte de pertenecer a una red de confianza, y una razón más para que cultives la tuya.

Una vez que hayas determinado *qué* tipo de contenido puedes ofrecer, es hora de imaginar *cómo* puedes proporcionarlo, de una manera que sea fácil de acceder y atractiva. Utilizando las palabras clave que identifican el tipo de servicios que ofreces, busca a través de la plataforma elegida y fíjate cuáles tipos de publicaciones son atractivos y despiertan tu interés. Esto no es para que puedas copiar lo que otra persona está haciendo. Es para hacerte pensar en lo que te gusta y en lo que puedes hacer. El contenido que compartes debe reflejar los colores de tu marca/brand (tal vez incluso la misma fuente de letras que utilizas en tu sitio web), tu voz y tu estilo. ¡Haz tuyo el contenido y sé consistente para que las personas puedan identificar tu marca!

Cuando observes cómo otros comparten su contenido, sé analítico. Identifica qué contenido es original y qué contenido es compartido o reutilizado. Si miras de cerca, no todo lo que publiques tiene que ser perfecto u original. A veces, compartir la publicación de alguien que aprecias es suficiente.

Estas son algunas de nuestras personas favoritas para seguir en las redes sociales.

## *Facebook*

Louise Harnby; grupo Training for Editors and Proofreaders
Malini Devadas (coach para editores); grupo Edit Boost

## LinkedIn

Cynthia Williams (editora de materiales técnicos y de negocios)
Erin Servais (editora y enseñante)
Jennifer Lawler (editora y enseñante)
Michelle Lowery (editora de contenido digital y especialista en SEO)

## Instagram

@me_and_orla (Sara Tasker, experta en Instagram del Reino Unido y coach para empresas creativas)
@5ftinf (Phillipa Stanton, artista)
@btleditorial (Hannah Bauman, editora, autora y coach de escritura)
@jningwong (Joan Wong, diseñadora de portadas de libros)
@heidifiedler (Heidi Fielder, editora, escritora y especialista en la capacitación de escritores de libros infantiles)

## Pinterest

Aerogramme Writers' Studio (recursos para escritores)
Jody Hedlund (autora best-seller)
Silvia Day (*The New York Times,* autora best-seller)
Pantone (companía)

*El treinta y cinco por ciento de los participantes de la encuesta dijo que una conversación casual a través de LinkedIn Mensajes condujo a una nueva oportunidad.*

—Comunicaciones corporativas de LinkedIn

## Otras formas de obtener seguidores orgánicos

Otra forma de darte a conocer a ti mismo y a tus servicios es comentando conscientemente las publicaciones de otras personas. La palabra clave aquí es *conscientemente*. No querrás salir y declarar descaradamente que eres un editor que pueden contratar para su disertación o su manuscrito, o, peor aún, corregirles la gramática públicamente. (¡Todos desprecian a la policía gramatical! La editora del Reino Unido, Denise Cowle, aborda esto en su artículo "Por qué la policía gramatical no es buena".) En cambio, tienes que pensar cómo alentar a los escritores con su trabajo y ofrecerles ideas, ya sea sugiriendo un libro para leer o compartiendo una pieza de sabiduría que te ayudó a superar un desafío de escritura.

El comportamiento que recomendamos para crear crecimiento orgánico se ve así:

El cliente potencial que has encontrado publica algo sobre su manuscrito.

Tú comentas animándolos en su viaje o sugiriendo una solución a su problema.

Tu cliente potencial no sabe quién eres, pero aprecia los comentarios y le gusta tu comentario.

Revisan tu perfil de redes sociales y te siguen. Reciben notificaciones cuando publicas.

La próxima vez que tengan un proyecto, o conozcan a alguien que necesite edición, se comunicarán contigo.

Bloguear (o incluso escribir miniblogs si tienes poco tiempo) es otra excelente manera de impulsar el crecimiento orgánico de las redes sociales. Por ejemplo, si tu plataforma de elección es LinkedIn, las opciones para el networking son infinitas. Inicialmente, la mayoría usamos esta plataforma como un lugar para crear nuestros currículums y buscar trabajo. Sin embargo, hoy en día LinkedIn se ha convertido en mucho más que eso y si lo usas sabiamente puedes obtener muchos beneficios.

Por lo tanto, si no tienes un sitio web o un blog donde puedas publicar tus ideas, hazlo en LinkedIn creando un artículo, que es básicamente una publicación de blog escrita allí mismo en tu página de inicio (es un pequeño icono naranja en la parte derecha inferior de la ventana que dice "Iniciar una publicación").

Si deseas crear un artículo (por ejemplo, "Cinco consejos para contratar a un buen editor de misterio"), asegúrate de incluir una imagen de fondo, usar palabras clave (para mejorar tu SEO) e incluir al menos un enlace (donde el lector pueda encontrar más información). Procura que tus artículos sean cortos, interesantes y significativos. Para obtener información sobre cómo hacer esto de manera efectiva puedes consultar "Publicar artículos en LinkedIn". (Para más orientación sobre cómo y qué publicar en las redes sociales, así como el enlace para este artículo, véase el apéndice C).

Recuerda, la clave es compartir información que le interese a tu público ideal, mientras muestra tu personalidad y tus intereses.

## LA PERSPECTIVA DE LINDA

Vale la pena encontrar formas de incorporar a los colegas en tus redes sociales en tu trabajo cotidiano. Por ejemplo, recientemente me contrataron para revisar la traducción al español de un libro de cocina. El mercado lector (target audience) para este libro eran lectores mexicanos, o de descendencia mexicana, que viven en Estados Unidos. Aunque resido en el sur de California hace muchos años y soy completamente bilingüe, mi educación en español se basa en el castellano que aprendí durante los doce años que viví y estudié en Argentina. Por eso contacté a un colega editor de la Ciudad de México y le pedí que me recomendara una fuente para resolver problemas con el texto, como una forma de estar preparada. Hablamos y me refirió a una fuente que no había usado antes: el *Diccionario panhispánico de dudas*. (Dato interesante: en Estados Unidos un número decimal se establece usando un punto, pero en muchísimos países hispanohablantes se usa una coma [aunque no en todos]. Sin embargo, el *Diccionario panhispánico de dudas* aclara que la coma se prefiere en España y en América del Sur, pero que en México y en América Central se opta por el punto.) Éste fue un recurso perfecto para el proyecto que estaba a punto de emprender.

Si conozco al público objetivo (lector ideal para quien está escrito el libro) puedo prepararme leyendo publicaciones de blogs sobre edición de libros de cocina y tal vez comentar después de cada artículo con mi propia visión o con preguntas. Revisaré libros de cocina anteriores escritos por este autor para comprender su estilo de escritura, o pediré un texto de muestra para tener una idea acerca de cómo se verá el proyecto. Una vez que haya terminado con el trabajo, puedo escribir un breve artículo para compartir mis propios consejos y sugerencias para editar recetas creando una publicación en LinkedIn o en mi página de Facebook. Si la experiencia fue positiva, también puedo comunicarme y conectarme con la persona que me contrató en LinkedIn o enviarle un correo electrónico o una tarjeta de agradecimiento y pedirle que me tenga en cuenta para futuros proyectos.

Nota: un día, paseando por el museo de ciencias naturales de Los Ángeles, ¡me encontré con este libro que había editado expuesto en una vitrina del negocio del museo! Le tomé una foto, publiqué en Instagram un bookstagram (una foto artísticamente compuesta que muestra el libro) y una breve explicación del trabajo que hice. Republiqué esto en mis principales canales de redes sociales indicando el honor que fue trabajar en el proyecto, con un enlace a la página de ventas del libro y mencionando a la casa editorial y a la autora. Luego, le envié una captura de pantalla de mi publicación en Instagram a la persona que me había contratado, que reside en Nueva York y por eso no hubiera podido ver el libro expuesto.

Todas estas son pequeñas actividades de networking que me ayudan a relacionarme con mi trabajo, con mis colegas y con mis clientes, y me mantienen fuera de mi caja de freelancer solitario. (Si deseas ver un ejemplo de un bookstagram, consulta el apéndice C.) Dos meses más tarde, me contactaron de una sucursal de la misma casa editorial en Inglaterra y me contrataron para ocho libros más (para niños). ¡Mi contacto en la casa de Nueva York les había dado mi nombre y me había recomendado!

# PROGRAMA TU CONTENIDO

Descubrimos que somos más efectivos y eficientes cuando programamos nuestras publicaciones para las redes sociales en nuestros calendarios. Elige dos o tres días de la semana y programa qué tipo de publicación podrías hacer.

- Comienza con tareas simples y manejables (por ejemplo, "lunes: comentar cinco publicaciones").
- Concéntrate en objetivos alcanzables (por ejemplo, "miércoles: hacer una publicación de contenido original en LinkedIn").
- Encuentra publicaciones que no consuman mucho tiempo (por ejemplo, "viernes: compartir el contenido que me gusta de otra persona con un breve comentario en Facebook").
- Procura que tus redes sociales te sean accesibles. La mayoría de las aplicaciones de redes sociales tienen versiones para tu computadora que son más fáciles de usar (¡especialmente si tienes que escribir!).
- Mantén una carpeta con el contenido que publicas como copia de seguridad. En 2023 hemos sabido de muchísimos colegas a quienes les han hackeado una cuenta de red social y han perdido todo (imágenes, pies de fotos, hashtags usados, así como los nombres de sus seguidores). Recuerda, haz una copia de seguridad (backup) de tus cuentas en tu computadora. Además, puedes reutilizar ese contenido más adelante durante el año o en el próximo año si es relevante.
- Piensa en la pertinencia de usar una plataforma de programación de redes sociales como Hootsuite, Later, Buffer, etcétera.

 *Existe esta regla que siguen muchas personas activas en las redes sociales y que se llama "Regla del 30/30/30". Aunque las interpretaciones varían ligeramente, la que creemos que nos ayuda más como editores independientes es la de la estratega de marketing Paulette Duderstadt en LinkedIn:*

> *El 30 por ciento del tiempo sé un LÍDER de tu industria en las redes sociales... Publica contenido sobre tendencias, desafíos y resultados comerciales e información que simplemente tenga visión de futuro.*

> *El 30 por ciento de las veces sé un PORRISTA para tu industria. Con mucha frecuencia tenemos un enfoque láser pues publicamos sólo cosas relacionadas con el trabajo. El mundo laboral no es todo "nosotros, nosotros, nosotros".*
>
> *El 30 por ciento del tiempo sé un DEFENSOR o un EMBAJADOR de tu comunidad. Comunidad significa tus empleados, tus clientes, tu vecindario y todo lo que te apasiona. Puedes crear conciencia para un evento importante de recaudación de fondos, como una caminata de 10 km que tiene como objetivo hacer el bien.*
>
> *Entonces, ¿qué pasa con el otro 10 por ciento? COMPARTIR, COMPARTIR y COMPARTIR. Compartir o darle un "me gusta" o incluso comentar publicaciones sociales expande tu alcance y muestra que estás prestando atención. Así que comparte lo que es importante para tu negocio y también para ti.*

## EXPANDIENDO TU RED

A continuación se presentan algunos puntos más para una buena etiqueta de redes mientras estás en las redes sociales. Marca los que ya estás haciendo:

- Sigue a las personas que admiras.
- Sigue a los clientes con los que disfrutas trabajar (para aprender sobre su negocio y sus intereses).
- Sigue a los clientes potenciales con los que te gustaría trabajar (para aprender sobre su negocio y sus intereses).
- Sigue a los colegas que respetas (para aprender sobre nuevas oportunidades de negocios, clases o tendencias).
- Comenta de manera consciente y genuina (evita un comentario estándar que se pegue en todas partes y rehúye usar sólo un emoji a menos que conozcas personalmente al receptor de tu mensaje y tengas ese tipo de relación).
- No sigas a las personas con la condición de que te sigan.
- No sigas a las personas sólo para dejar de seguirlas más tarde. En otras palabras, no sigas a alguien sólo para que te siga y luego dejes de seguirlo tan pronto como lo haga.

- Ten cuidado al comentar temas controvertidos (política o religión). Es importante ser fiel a tus convicciones, pero como trabajador independiente ten en cuenta que la línea entre lo "personal" y lo "profesional" es muy tenue. Asegúrate de estar preparado para las consecuencias de tus palabras.

- Evita las redes sociales si estás enojado o molesto, y **nunca** las uses para desahogarte sobre un cliente.

- ¡Disfrútalo y diviértete!

# LA PERSPECTIVA DE UN EDITOR

Una vez conseguí un cliente a través de una plataforma de social media, sin siquiera interactuar con él. Un editor interno de la compañía vio el contenido de lo que yo publicaba y como sabía de lo que estaba hablando (por lo específico de mi comentario), supuso que yo era profesional y pasó mi nombre a su gerente, quien me envió un correo electrónico y me contrató para un proyecto a largo plazo.

—**MADELEINE VASALY,** MADELEINE VASALY EDITORIAL SERVICES

## Hoja de networking trimestral

**Acción para mis redes sociales:**

## Check-in de editor:

El análisis de su presencia en las redes sociales le reveló a Ana que ha estado usando mucho LinkedIn, lo cual es bueno para conectarse con otros profesionales en el mundo editorial, pero ha estado evitando TikTok, donde muchos autores independientes están activos. Entonces, decidió salir de su zona de confort e investigar cómo otros editores independientes utilizan TikTok y en consecuencia creará un plan que combine lo que ha aprendido en su zona de confort actual. Al cabo de tres meses habrá ampliado su alcance en las redes sociales, así como su zona de confort.

**Acción para mis redes sociales:**

1. Buscar colegas que se especializan en ficción y tomar nota de qué plataformas usan y cómo se comunican con clientes, con su público y con otros colegas.
2. Crear un horario de posting semanal para las dos plataformas en las que me quiero concentrar.

# CAPÍTULO 8

# TÁCTICA DE NETWORKING #4
## *GRUPOS PROFESIONALES*

> *Mi plataforma principal para la creación de redes continuas son los grupos de Facebook. Son de uso gratuito; puedes darles la bienvenida a los editores 24/7, independientemente de su ubicación geográfica; puedes ser amplio o estructurado en torno de una persona o un tema; puedes tener una gama de configuraciones de privacidad para satisfacer los requisitos de los miembros, y puedes proporcionar un espacio para editores tímidos en el que es posible que aprendan sin sentirse incómodos.*

—*LOUISE HARNBY,* EDITORA Y CORRECTORA DE FICCIÓN

Ser parte de una organización profesional es una excelente manera de mantenerse informado de las tendencias, los eventos y las noticias que podrían afectar tu negocio (tanto positiva como negativamente, como cuando salió la nueva ley AB5 en Estados Unidos). La membresía también brinda acceso a cursos y oportunidades de educación continua. Algunos grupos profesionales que te recomendamos que visites son: ACES: The Society for Editing, Editorial Freelancers Association (EFA), Professional Editors Network (PEN), Editors Canada y el Chartered Institute of Editing and Proofreading (CIEP). Estos son los grupos con los que nosotras estamos más familiarizadas, pero también hay muchas otras organizaciones grandes. El apéndice D contiene una lista más extensa de ellas. Para obtener una lista exhaustiva de organizaciones relacionadas con la edición y la publicación consulta la Base de conocimientos de editores de Katharine O'Moore-Klopf (editora científica y académica).

Sólo recuerda que no se trata de unirte a una multitud de grupos (será abrumador si lo haces, ¡te lo decimos por experiencia!). En su lugar, concéntrate en uno o dos con los que te identifiques ahora y que prometan la información y el apoyo que te acercarán a tus objetivos. (A medida que avanza tu carrera, está bien abandonar las membresías que ya no son relevantes para el tipo de trabajo que deseas hacer. Siempre puedes volver a ellos después si crees que agregarían valor a tu negocio.)

Una forma efectiva de determinar a qué grupos puedes unirte es controlar tus objetivos (los inmediatos y los de largo plazo) y utilizarlos como una guía para decidir qué grupos podrían ser una buena opción.

Si tu objetivo es ganar nuevos clientes, pregunta:

- ¿Qué grupos pueden ayudarte a llegar y a conocer clientes potenciales con los que puedes establecer contactos?

- ¿Qué grupos tienen directorios profesionales o bolsas de trabajo?

- ¿Qué grupos se presentan a clientes potenciales en nombre de sus miembros?

- ¿Qué grupos tienen conferencias, seminarios web en vivo o reuniones que pueden enseñarte algo nuevo, al mismo tiempo que brindan oportunidades para conocer clientes? (Por ejemplo, la EFA con frecuencia tiene un stand en la Conferencia Writer's Digest, por lo que al unirte a ella tienes acceso a sus recursos y la oportunidad de representar a la organización en actividades orientadas al cliente).

- ¿Qué grupos asisten a las conferencias especializadas a las que también asisten tus clientes objetivo?

Si tu objetivo es mudarte a un nuevo nicho y necesitas agudizar o adquirir nuevas habilidades de edición, existen otras preguntas que hay que considerar:

- ¿Qué grupos ofrecen seminarios web educativos, clases, reuniones locales o listas de discusión?

- ¿Qué grupos ofrecen oportunidades de voluntariado?

- ¿Qué grupos apoyan a las publicaciones comerciales de tu especialidad?

- ¿Qué colegas están al tanto de las tendencias, los recursos y las herramientas de la industria? ¿A qué organizaciones pertenecen?

Una vez que hayas encontrado una organización que te interesa, visita su página de "recursos".

- ¿Qué tipo de información y de recursos ofrece a sus miembros?

- ¿Tiene un directorio de miembros donde puedas ser listado? ¿Pueden los clientes potenciales encontrarte allí?

- ¿Tiene un foro en línea en el que los miembros intercambien ideas, consejos, recursos y, tal vez, incluso, referencias laborales?

- ¿Tiene un capítulo local al que puedas unirte (ya sea en línea o en persona)?

- ¿El sitio web tiene una bolsa de trabajo abierta o una lista de trabajos a los que puedas aplicar?

- ¿Tiene oportunidades de voluntariado para los miembros?

- ¿Qué otros beneficios de membresía ofrecen? (Por ejemplo, ¿tiene boletines informativos, descuentos en software o seguros, clases o publicaciones gratuitas, un programa de tutoría u oportunidades de publicación?)

- ¿Qué tan conocedora de la tecnología es la organización? ¿Tiene un sitio web profesional y fácil de navegar?

- ¿Cuánto cuestan las cuotas? ¿Hay tasas estudiantiles o becas?

- ¿Los miembros actuales te alientan a unirte o te recomiendan a otras organizaciones en su lugar?

Para ayudarte a decidir a qué grupo(s) unirte, utiliza la siguiente herramienta de comparación de organizaciones profesionales (puedes descargar una copia imprimible gratuita en www.networkingforeditors/resources). Para comenzar, hemos completado la primera línea con un ejemplo. Debido a que hay tantos grupos buenos, pero todos tenemos fondos (y tiempo) limitados, usar una herramienta como ésta puede ayudarnos a evaluar qué grupos son más prometedores en este momento de nuestras carreras.

*Antes de unirte a una organización, pregunta a sus miembros acerca de sus experiencias en el grupo; antes de comprometerte con una membresía anual, estudia la organización y lo que ofrece.*

101

# Autoevaluación:
*Herramienta de comparación de organizaciones profesionales*

| Organización | Ubicación | Costo de membresía | Orientado/a hacia | Tiene programas educativos | Tiene un foro para discusiones |
|---|---|---|---|---|---|
| Círculo de editores | EUA | $ | Editores académicos | S | S |
| | | | | | |
| | | | | | |
| | | | | | |
| | | | | | |
| | | | | | |
| | | | | | |
| | | | | | |
| | | | | | |
| | | | | | |
| Costo total | | $ | | | |

| Tiene un directorio en línea | Otros beneficios | Mi nivel de interés | Resultados | Renovar |
|---|---|---|---|---|
| S | Programa de tutoría, descuentos, cupones | Alto | Recibí un cliente en el primer mes Recibí recomendación de trabajo por un colega que pertenece al grupo/asociación | S |
| | | | | |
| | | | | |
| | | | | |
| | | | | |
| | | | | |
| | | | | |
| | | | | |
| | | | | |
| | | | | |
| | | | | |

Si te unes a un grupo este año, pero no obtienes mucho de él (a pesar de tu investigación inicial), no te preocupes. Eso no significa que haya algo malo con el grupo (o con tu investigación); simplemente significa que 1) no encajaba bien en este momento en tu vida profesional actual (en cuyo caso prueba con otro grupo), o 2) te uniste al grupo, pero no te involucraste con sus miembros. El networking no funciona sin interacción. Podemos unirnos a grupos y asimilar toda la información que ofrecen, pero si no nos conectamos con otros seres humanos, no estamos maximizando el uso de todo ese conocimiento y puede ser más difícil lograr nuestros objetivos. Por lo tanto, comunícate y participa, incluso si sólo lo haces para apoyar el comentario, la publicación o la idea de otra persona, hasta que tengas el valor de publicar tus propias ideas, tus conocimientos y tus preguntas.

## LA PERSPECTIVA DE UN EDITOR

Otra herramienta de red importante para mí son las asociaciones comerciales. Pertenezco a varias, algunas sólo para editores y otras para editores y autores. Inicialmente me uní para buscar oportunidades de desarrollo profesional, pero pronto descubrí que disfrutaba conocer gente, un descanso de mi práctica solitaria de editor independiente. A menudo soy tímida en los grupos grandes, pero si tengo una razón para estar allí, suelo unirme a las conversaciones fácilmente. Entonces, si estoy en una presentación de la asociación, puedo iniciar conversaciones con extraños sobre la charla o la organización.

—KELLIE M. HULTGREN, KMH EDITING

# INSIGHT: NETWORKING EN PERSONA

Esta guía de networking fue escrita durante 2020 y 2021, por lo cual no sorprende que gran parte de nuestro enfoque haya sido moldeado por la necesidad de encontrar formas de mantenernos conectados mientras estábamos aislados. Las conferencias para editores y los encuentros más modestos que disfrutamos nosotros y nuestros compañeros editores han sido puestos en pausa, y el plan de salir y unirnos al mundo aún está tomando forma. En 2023 ya estamos más listas y mejor preparadas para asumir algunos riesgos. Por eso, con una perspectiva optimista quisimos ofrecerte algunas ideas para cuando todos podamos reunirnos en persona una vez más.

## Repensando los viajes

Si bien las conferencias nacionales e internacionales obtienen toda la gloria, también pueden ser un desafío debido al costo del viaje y el alojamiento, sin mencionar la tarifa de inscripción a la conferencia y el tiempo fuera de nuestros lugares y horarios de trabajo. Algunas formas de hacerlo más asequible incluyen: 1) anotarnos como voluntarios para registrar participantes el día del evento (algunas organizaciones dan a los voluntarios entrada gratuita o con descuento); 2) compartir alojamiento con colegas (lo que también es una excelente manera de tener un amigo/a en la conferencia), y 3) planear tus vacaciones después de la conferencia (por ejemplo, si tienes que ir a Denver por motivo de negocios, úsalo como punto de partida para hacer turismo en la zona).

## Quedándonos localmente

Echa un vistazo a las conferencias locales y regionales. Los costos pueden ser más factibles si puedes conducir en lugar de volar, y es posible que puedas reducir tus costos de alojamiento por pasar menos noches fuera de casa. Desde una perspectiva de networking, otra ventaja de asistir a reuniones y conferencias locales es que con frecuencia son más pequeñas y brindan la oportunidad de conocer mejor a las personas. Si no te gustan las reuniones grandes, estas reuniones pequeñas pueden ser menos estresantes y brindar oportunidades más fáciles para socializar. Y debido a que estos eventos tienden a acercar a personas en el área circundante, existe una buena posibilidad de que puedas mantener el contacto en persona con los amigos que haces.

## Sé amable contigo mismo

Algunos somos extrovertidos (¡o ambivertidos!), pero para otros de nosotros constituye un gran esfuerzo sentirnos a gusto en un entorno social desconocido. Cualquiera que sea el caso, hay cosas que podemos hacer para aprovechar al máximo el networking en las conferencias. Un enfoque es el "autocuidado": presta atención a tu nutrición, protege tu sueño y encuentra formas de darte el tiempo de tranquilidad necesario, incluso frente a la emoción y las distracciones de la conferencia. Otra idea es hacer planes para establecer contactos y socializar mientras todavía estás en casa, en tu zona de confort. De esa manera, no sentirás la presión para tomar decisiones sobre la marcha y tendrás tiempo con el fin de prepararte mentalmente para conocer a mucha gente nueva. Por ejemplo, antes de la conferencia, comunícate con algunos editores que conozcas que estarán allí y haz arreglos para reunirte con ellos para tomar un café en la cafetería del hotel entre sesiones, u obtén boletos para un espectáculo local, planifica una sesión de fotos improvisada, haz arreglos para sentarte con colegas en paneles específicos o planifica una sesión en vivo para compartir la experiencia de la conferencia con los editores que ese año no pudieron asistir.

*Prepárate*

Otra parte del trabajo de preparación que puede hacer que sea más fácil sentirte cómodo haciendo networking en persona en las conferencias es llevar tarjetas de visita hechas con anticipación así como escribir fichas con notas para la conferencia. ¿Qué son las fichas con notas para la conferencia? Imagina que tienes una pequeña pila de fichas de 3 × 5 que puedes hojear en el avión (o en una lista en la sección "Notas de tu teléfono"). En una tarjeta está tu discurso de ascensor; en otra hay una lista de tres de tus proyectos favoritos, y en otra hay una lista de tres de tus proyectos más conocidos. Una tarjeta podría contener una serie de preguntas para formular a otras personas con el propósito de conocerlas y establecer nuevas conexiones, y otra podría tener una lista de temas de noticias actuales en la industria que te interesa. ¿Nerd, dices? Tal vez sea así, pero es mejor abrazar a tu nerd interior que quedarte en blanco cuando la quinta persona te pregunta cuál es tu especialidad, o cuando alguien te pregunta si has editado a algún autor que conozcan.

Estar preparado para establecer contactos es una parte esencial de nuestro enfoque de creación de redes. Te permite tomar decisiones bien reflexionadas y conscientes que se alinean con tus objetivos antes de aventurarte en el mundo. Y te coloca en una posición de confianza y facilidad para que no te sientas presionado ni intimidado en el momento. De esa manera te sentirás más cómodo siendo tú: ¡de eso se trata la creación de redes efectivas!

Si quieres leer con más detalle sobre este tema, en nuestro *The Networking Studio* tenemos una serie de seis publicaciones tituladas "Cómo prepararte para cualquier evento de networking" ("Prepare for Any Networking Event") que hablan específicamente sobre cómo prepararte y participar productiva y eficientemente en conferencias para que tengas la mejor experiencia.

# LA PERSPECTIVA DE BRITTANY

Puesto que la creación de redes ocurre entre individuos, es una buena práctica abordar cada nuevo contacto como un individuo. Todos compartimos identidades con varios grupos que se cruzan, pero cada uno de nosotros merece ser reconocido en sus propios términos, ser aceptado y valorado, no borrado ni estereotipado.

Hoy en día, cada vez más personas reconocen la importancia de aceptarse mutuamente tal como son y muestran esa aceptación a través de comportamientos acogedores y de expresiones de apoyo. Entonces, cuando te aventures en espacios de redes, ya sean virtuales o en persona, ten en cuenta lo que puedes hacer para poner tus relaciones nuevas sobre una base sólida. Eso podría significar mencionar tus pronombres, lo que puede ayudar a normalizar la práctica y hacer que los espacios sean más seguros para muchas personas (pero esto debería ser opcional, pues es contraproducente obligar a las personas a identificarse). O podría significar que antes de una llamada con alguien cuyo nombre no sabes pronunciar, debas descubrir o informarte sobre la pronunciación correcta. Por ejemplo, recientemente me estaba preparando para una llamada con alguien cuyo nombre no me parecía conocido. Una búsqueda rápida en línea proporcionó múltiples ejemplos sobre cómo pronunciar su nombre, incluida la grabación de una charla que había dado donde se presentaba al público. Descubrir cómo pronunciar correctamente su nombre me llevó menos de cinco minutos, pero me permitió mostrar respeto y establecer el tono de nuestra conversación. Ser considerado con los demás es uno de los pasos básicos para una red productiva.

*Hoja de networking trimestral*

**Acción para mis organizaciones profesionales:**

## Check-in de editor:

Ana era miembro de algunas organizaciones de edición cuando comenzó, pero las cuotas eran altas y se sentía perdida en un gran mar de editores veteranos. Su herramienta de comparación de organizaciones profesionales mostró que hay otros grupos asequibles más pequeños con una reputación de educación continua de alta calidad. Y hay opciones gratuitas conocidas por apoyar y dar la bienvenida a los editores que se especializan en ficción de género de autores independientes. Para probar, ella elige a tres grupos y volverá a evaluar la situación de acá a un año.

En la página siguiente puedes ver las acciones que tomó Ana y quizás implementar algunas de ellas a tus procesos de comunicación.

**Acción para mis comunicaciones personales:**

1. Me tomo el tiempo de saludar y conectarme a un nivel humano-humano.
2. Me aseguro de responder los mensajes dentro de las 24 horas siguientes. Si no puedo hacerlo, utilizo una respuesta automática que les confirma que recibí el mensaje y que les contestaré dentro de 48 horas.
3. Digo "gracias" más seguido.
4. Agrego una cita interesante que refleja mi marca/estilo de trabajo a mi firma de correo electrónico.

# CAPÍTULO 9

# TÁCTICA DE NETWORKING #5
## *VOLUTARIADO*

*Si has ayudado a un individuo, o si algunas veces has proporcionado información a otros que observan ayudando a alguien a aprender algo y sentirse más positivos sobre la vida de editor independiente en general, entonces creo que has hecho un networking exitoso.*

—Crystal Watanabe, Pikko's House

¿Alguna vez has notado cómo las personas se entusiasman cuando trabajan en algo que les apasiona? En el mejor de los casos, cuando las personas se ofrecen como voluntarias, las inseguridades desaparecen, el ego pasa a segundo plano y todos trabajan unidos por un objetivo común. Nadie tiene que estar allí, pero todos quieren estar allí. Cada persona tiene algo que aportar y espera dar de su tiempo, de su energía y de sus talentos para lograr algo bueno, algo que beneficiará a otros.

Ese es el punto de partida del voluntariado: el deseo de dar lo mejor de uno para ayudar a un grupo de ideas afines a alcanzar metas que beneficiarán a la comunidad. La mayoría de las personas se ofrecen como voluntarias porque creen en una comunidad o en un objetivo específico y quieren contribuir a su consecución. Y en cualquier trabajo voluntario que realices ese núcleo inicial de un espíritu generoso es fundamental. Es lo que te pone en el camino del éxito.

Pero, como hemos descubierto, el voluntariado, particularmente en grupos profesionales, también es un supercargador de redes. No importa dónde te encuentres en tu carrera, desde un novato hasta un veterano puede ser voluntario. Y al hacerlo, puedes expandir y fortalecer tu red.

El voluntariado puede:

- proporcionarte una perspectiva interna de la comunidad profesional a la que te unes (si es un grupo como ACES o PEN) o de la comunidad de tu cliente ideal (si es un grupo como Sisters in Crime y tú editas misterios);

- darte la oportunidad de conocer a otras personas que están en tu misma carrera, pero en diferentes puntos de sus viajes, lo que puede aportar información valiosa tanto para el novato como para el veterano;

- ayudarte a construir tu marca y darte a conocer entre los clientes potenciales y los que podrían recomendarte trabajo;

- convertirte en un experto (incluso si estás en un pequeño rincón de tu mundo profesional);

- ayudarte a descubrir colegas que podrían ser parte de tu pequeña red de confianza;

- mantenerte actualizado sobre los problemas que enfrenta tu nicho profesional y darte la oportunidad de formar parte de la solución;

- aumentar la probabilidad de que seas la primera persona que le viene a la mente a alguien cuando necesita darle a un cliente una referencia de tu especialidad;

- aumentar tu confianza y tu sentido de satisfacción, y

- permitirte salir de tu zona de confort y aprender algo nuevo.

# LAS OPORTUNIDADES ESTÁN EN TODAS PARTES

Si te unes a un grupo profesional que se siente como "tu gente", uno en el que eres bienvenido, alentado y apoyado, en algún momento encontrarás la oportunidad de ser voluntario. Tu primer instinto podría ser comprometerte ahí nomás. *Esto es muy importante para nuestro grupo*, piensas. *Ésta es una oportunidad para ayudar a otros...* Pero luego interviene la parte de ti mismo que está a cargo de tu calendario. *¡Espera un minuto, no tenemos tiempo para esto!* Y así comienza el debate interno.

Si bien no comprometerse demasiado es importante (véase más sobre este tema en la siguiente sección), puede resultarte útil enmarcar el trabajo voluntario como una oportunidad para dar el bien y obtener el bien.

En otras palabras, el voluntariado puede ser personalmente satisfactorio y amplificar tus esfuerzos de creación de redes al mismo tiempo. Puede traer un sentido de comunidad que a menudo falta en el entorno de trabajo remoto al que muchos de nosotros estamos acostumbrados, lo que te permite construir relaciones laterales y aprender de los demás en un ambiente de baja presión. Con mucha frecuencia no se requieren habilidades especializadas para el voluntariado. Lo más importante para los coordinadores de voluntarios es contar con personas confiables que hagan un trabajo sólido y no creen problemas. Por lo tanto, el voluntariado es una oportunidad especialmente valiosa para los profesionales de carrera temprana que todavía están tratando de encontrar su lugar y es posible que no tengan la confianza que adviene con la experiencia.

Una advertencia en todo esto es que a pesar de que no se te paga por su trabajo voluntario, para que las propiedades de supercargador de red sean efectivas debes realizar tu mejor trabajo (con las limitaciones de tiempo, etcétera). Recuerda: tu principal propósito es ayudar al grupo a lograr sus metas. Pon los puntos sobre las íes. Sé la persona que hace las cosas, y las hace bien. No es que tengas que hacer todas las cosas (el agotamiento en el voluntariado es muy real); es sólo que quieres honrar tus compromisos.

Y al hacerlo, estarás construyendo tu marca, haciéndote un nombre como ese indexador que es confiable y obtiene los detalles correctos... como ese editor académico que es la reina del seguimiento... como ese editor de desarrollo de ciencia ficción/terror que evita que la reunión de Zoom se salga de control continuamente. Y cuando llega el momento de referir clientes, compartir oportunidades o invitar a un presentador a la próxima conferencia, es posible que estés en la parte superior de la lista.

Debido a que no vivimos en una isla, y ningún editor es una isla, todos tenemos intereses fuera del mundo de la edición independiente. Piensa fuera de tu caja de freelancer y aprovecha las otras áreas de la vida que disfrutas. ¿Cuáles son tus aficiones? ¿Hay algún grupo local al que pertenezcas que pueda necesitar tu ayuda y tu experiencia? Tal vez haya una oportunidad en el refugio de animales, o un grupo de tejido, o una asociación de entusiastas de las motocicletas. ¿Has intentado conectarte con una despensa de alimentos local o con un refugio para mujeres? ¿Qué tal una comunidad sin fines de lucro? ¿O un grupo de defensa? Las oportunidades y las organizaciones son infinitas y, por lo general, están a tu alcance.

## LA PERSPECTIVA DE BRITTANY

De acuerdo con mi experiencia, esencialmente el voluntariado ha construido la base de mi red. He sido miembro de la EFA desde 2011 y he trabajado en la mesa de difusión de información de la EFA durante varias conferencias, pero en 2016 me ofrecí como voluntaria para trabajar en un stand de la EFA en una conferencia en San Diego. Allí conocí a Sangeeta Mehta, que en ese momento era un miembro recién elegido de la junta directiva de la organización. Inmediatamente nos llevamos bien y mientras trabajábamos juntas en el transcurso de tres días, descubrimos un interés común en lo que respecta a la diversidad y la inclusión. Sangeeta mencionó que pensaba que sería útil que la EFA tuviera un programa interno para apoyar estas ideas. Yo le dije que si quería continuar con eso en la sede de la EFA en Nueva York, tendría mi apoyo y la ayudaría. En seis meses nació la Iniciativa de Diversidad (DI) de la EFA. (Debo mencionar que Sangeeta es una excelente persona. Pensé que era fantástica cuando la conocí, pero como he trabajado con ella en la DI durante muchos años, puedo asegurar que es una de las personas más desinteresadas, decididas y generosas que conozco y que tiene la capacidad de inspirar a quienes la rodean a trabajar duro y a unirse a la causa.)

Una vez que la DI estuvo en funcionamiento y comencé a ofrecerme como voluntaria en varios proyectos, descubrí que los miembros de la EFA que gravitaban en torno del grupo eran profesionales editoriales dinámicos y diversos que compartían mi perspectiva y mi entusiasmo por crear una comunidad profesional en la que todos serían bien recibidos y valorados. Aquí mi red social profesional creció y echó raíces.

Uno de los primeros esfuerzos de la DI con los que intervine fue el Programa de Bienvenida, que imaginamos como un espacio acogedor que ayudaría a los nuevos miembros de la EFA a encontrar su camino en el grupo, establecer conexiones entre los miembros y contribuir a construir una cultura que valorara la diversidad y la inclusión más amplia en el centro de la EFA. Después de dos años de desarrollo interno, con una importante inversión de tiempo por parte de Sangeeta, Alissa McGowan (la primera directora del Programa de Bienvenida en versión beta), Kellie Hultgren y yo, estábamos listas para la primera sesión pública del programa.

Entonces había conocido a Linda por medio de la DI. Después de una de nuestras reuniones virtuales se comunicó conmigo a través de LinkedIn, y al hacerlo descubrió que vivíamos a unas treinta y cinco millas de distancia en ese momento. En cuestión de minutos planeamos reunirnos para tomar café y croissants de chocolate, y el resto, como dicen, ¡es historia! Cuando Sangeeta me pidió que dirigiera el Programa de Bienvenida supe que Linda sería la compañera perfecta, y ella aceptó amablemente. A partir de ahí hemos pasado a formar un grupo de mentes maestras, presentar innumerables seminarios sobre networking, escribir este libro y, en general, apoyarnos y animarnos mutuamente. Y Linda sólo es una de las compañeras de apoyo que he conocido a través de mi trabajo voluntario.

Para mí, el voluntariado realmente ha sido un superconductor de redes.

## Autoevaluación: voluntariado

**Experiencia previa de voluntariado**

Pros: _____

Contras: _____

**Mis objetivos principales y los de base**

1. _____

2. _____

3. _____

**Temas que me interesan personalmente**

1. _____

2. _____

3. _____

**Mis mejores habilidades**

1. _____

2. _____

3. _____

**Posibles grupos y actividades donde puedo hacer trabajo voluntario**

1. _____  6. _____

2. _____  7. _____

3. _____  8. _____

4. _____  9. _____

5. _____  10. _____

**Escribe de tres a cinco oportunidades que pueden ayudarte a promover/ avanzar un objetivo principal, un tema que te interesa y una de tus habilidades (elige una y comprométete con ella por seis meses a un año y luego reevalúa la oportunidad)**

1. _____  4. _____

2. _____  5. _____

3. _____

# EVALUACIÓN DE TU TRABAJO VOLUNTARIO

En un mundo ideal, podríamos pasar todo nuestro tiempo trabajando por las causas en las que creemos y nuestros mejores esfuerzos siempre valdrían la pena. Pero la realidad es que la mayoría de nosotros tenemos que equilibrar el trabajo remunerado con los esfuerzos voluntarios, e incluso cuando hacemos nuestro mejor esfuerzo los resultados no siempre coinciden con nuestras esperanzas, lo que puede conducir al agotamiento.

Ambas hemos estado allí, al igual que muchas personas con las que nos hemos ofrecido como voluntarias. Cuando crees en una causa, es difícil decir que no. Especialmente si ese "no" pudiera significar que un programa importante se suspenda o que los recursos planificados tarden más tiempo en producirse. En algún momento puedes sentir que si no lo haces, no se hará. Si bien éstos son desafíos con los que todos los grupos de voluntarios tienen que lidiar, es importante comenzar con uno mismo e identificar lo que está en nuestras manos hacer.

A continuación se presentan algunas cosas que puedes hacer para evaluar tus actividades de voluntariado y evitar el agotamiento:

- Decide por adelantado cuánto tiempo puedes dedicar al trabajo voluntario (diariamente, semanalmente, mensualmente, trimestralmente) y apégate a ese plan. ¡No te comprometas demasiado!

- Sé estratégico y específico. Si te ofreces como voluntario para el rescate local de conejos no tienes que ser tan estratégico. Los conejitos son conejitos. Pero si eres voluntario en organizaciones profesionales u orientadas al cliente, y el trabajo que realizas es parte de tu red profesional, entonces sé estratégico en relación con qué grupos te ofreces como voluntario y qué tipo de proyectos asumes. Por ejemplo, Brittany trabaja con ciencia ficción, ficción, ficción histórica y misterio, por lo cual no va a dedicar todas sus horas de voluntariado a la Junta de Editores en Ciencias de la Vida (Editors in the Life Sciences o BELS): 1) no es ahí donde está su pasión y 2) no es ahí donde está su gente.

- No asumas la responsabilidad emocional más allá de lo que exija tu rol. Como voluntario, te comprometes con tareas específicas y con compromisos de tiempo. Sé claro acerca de lo que puedes hacer y deja que el grupo ajuste sus metas en función de sus recursos voluntarios.

## LA PERSPECTIVA DE UN EDITOR

También trato de ofrecer mi tiempo como voluntaria en las organizaciones a las que me uno y las personas con las que he servido en comités y en proyectos piensan en mí cuando necesitan un profesional independiente. Sólo recuerda que muchas de estas organizaciones son administradas por voluntarios y siempre necesitan más tiempo y más energía. ¡No puedes satisfacer todas sus necesidades! El voluntariado implica reducir la cantidad de horas que tienes disponibles para el trabajo remunerado, así que establece expectativas y mantente firme en tus límites cuando sea necesario.

—**Kellie M. Hultgren,** KMH Editing

# INSIGHT: NETWORKING CON INCLUSIVIDAD

Debido a que la mejor red se basa en las relaciones, la comunidad y la libertad para que seas tu verdadero "yo", es fundamental encontrar y crear espacios de redes seguros para todos los miembros de la comunidad.

Como hemos aprendido a lo largo de este libro de trabajo, cada uno de nosotros tiene su propio estilo de red, el lugar donde nuestro nivel de comodidad, estilo de comunicación natural y esfuerzos de participación externa se alinean. Para algunos de nosotros eso ocurre en plataformas de redes sociales como TikTok y Facebook; para otros tiene lugar en reuniones individuales o en conferencias. Si bien es bueno desafiarse a sí mismo, también es valioso saber qué funciona para uno y establecer contactos en lugares (virtuales y en persona) donde nos sintamos cómodo.

A veces, sin embargo, hay que trabajar para crear esos lugares, tanto para ti como para los demás. Y un ambiente que se siente seguro y acogedor para una persona puede ser hostil para otra. A veces esto se reduce a la personalidad (del grupo y del individuo), y a veces, a la cultura y a la identidad, y cómo las personas se aceptan entre sí. ¿El grupo es acogedor e inclusivo, o desagradable e implícitamente excluyente?

Obviamente, éste es un tema complicado, y no uno que pueda abordarse de manera íntegra en este libro, pero es lo suficientemente importante para reconocer que las redes están influidas por factores culturales. (Consulta los recursos del apéndice E para obtener más información sobre este tema.) Un espacio que se siente seguro para uno de nosotros puede ser inhóspito para otro. Independientemente de dónde te encuentres en la red interconectada de la identidad humana, es importante *cuidarse a sí mismo* y cuidar *a los demás*. Esta conciencia es una parte necesaria en la construcción de una red vibrante.

Con ese fin, aquí hay algunos pensamientos:

- Antes de unirte a un grupo, habla con sus miembros. Averigua si es acogedor e inclusivo, si tiene problemas con la retención de miembros o si hay subgrupos dentro de la organización principal que apoyan explícitamente (como un subgrupo de nuevos miembros o la Iniciativa de Diversidad de la EFA).

- Observa el sitio web del grupo o la página "Acerca de" y lee el subtexto. ¿Qué es lo importante para ti? ¿Eso también es importante para ellos?

- Busca grupos que sean adecuados para ti y procura construir/unirte a una microcomunidad de un grupo que tiene potencial pero que aún no se haya realizado.

- Pregunta a tu red de confianza a qué grupos y a qué plataformas pertenecen. ¿Cuáles han sido sus experiencias?

- Desarrolla relaciones directas con personas que también están en un grupo al que deseas unirte; de esa manera, incluso si eres un novato, serás un novato con amigos y con una red de apoyo incorporada.

- Si puedes, alza la voz cuando seas testigo de acoso o de lenguaje agresivo. Esto podría significar alertar a un moderador, comunicarte con la persona que está siendo atacada o denunciar directamente al acosador. Sé seguro y haz lo que esté en los límites de tus capacidades.

- Escucha a tus instintos. Tus percepciones son válidas.

- Sigue buscando. Disponte a crear el lugar que buscas, incluso si es a pequeña escala, como un grupo privado de mentes maestras.

- Si no estás seguro acerca de cómo apoyar a los demás, pregúntales. Luego escucha.

# LA PERSPECTIVA DE BRITTANY

Mi nivel de participación en las listas de discusión para editores y en los grupos de edición de Facebook ha cambiado en los últimos diez años, a medida que he descubierto mi propio estilo de networking y mis propias fortalezas y debilidades. Si bien me encanta la profundidad del conocimiento, el aliento y la sabiduría colectiva que se pueden encontrar en estos grupos, después de presenciar muchos episodios de comportamiento poco profesional y dañino, comencé a limitar la cantidad de tiempo que pasaba en estos espacios y lo invertí en crear más conexiones de persona a persona a través del voluntariado.

Ese es un ejemplo de adaptación a nuestro entorno. Podemos cambiar nuestras actividades de networking para adaptarlas a nuestro estilo personal.

## *Hoja de networking trimestral*

**Acción para mis actividades de voluntariado:**

## *Check-in del editor:*

Ana está en el principio de su carrera como editora, pero sabe que ya tiene experiencia y conocimientos que ofrecer, por lo que decide ser voluntaria en grupos que pueden darle la oportunidad de conocer a sus clientes ideales (escritores de misterio independientes) así como a colegas editores.

**Acción para mis actividades de voluntariado:**
1. Ser voluntario para la newsletter de Sisters in Crime.
2. Ofrecerme a trabajar para la mesa de un autor o casa editorial en una feria del libro.
3. Ayudar en el programa de mentoría de PEN.

# CAPÍTULO 10
# ESTILO DE NETWORKING PERSONAL

*Si creamos redes con la única intención de conseguir algo, no tendremos éxito. No podemos perseguir los beneficios de las redes; los beneficios se derivan de las inversiones en actividades y en relaciones significativas.*

—ADAM GRANT, AUTOR Y PSICÓLOGO ORGANIZACIONAL, WHARTON SCHOOL OF BUSINESS

En la parte 1 de este libro analizamos el establecimiento de metas y la identificación de posibles miembros de nuestra red para alcanzar esas metas. Posteriormente, en la parte 2, revisamos las cinco tácticas de redes que puedes utilizar para establecer relaciones con las personas con quienes necesitas conectarte. Para cada táctica llevaste a cabo una lluvia de ideas sobre los pasos a seguir y los agregaste a tu hoja de networking trimestral. Según lo que hayas descubierto, podría tener sentido decir: mis objetivos *más* las personas a las que necesito llegar *equivalen* a las tácticas de redes que necesito emplear. Sin embargo, creemos que a la fórmula le falta un elemento esencial.

## MIS OBJETIVOS
## + PERSONAS A LAS QUE NECESITO LLEGAR
---
## TÁCTICAS DE NETWORKING QUE NECESITO USAR

Si bien es importante tener objetivos y planes específicos de redes, también es indispensable considerar tus preferencias naturales de comunicación para que *puedas cumplir con el plan y alcanzar tus objetivos*. Esto es especialmente cierto para los introvertidos. Como explica la experta en redes Devora Zack, "todo el mundo está *más* que bien como son naturalmente. Cuando aprovechamos, en lugar de limitar, nuestra verdadera naturaleza, el cielo es el límite". ¿Qué significa esto? Significa que no tenemos que cambiar quiénes somos. Somos suficientes tal como somos. El secreto, entonces, es reconocer y reconocernos a nosotros mismos con qué tipo de red nos sentimos cómodos y qué tipo de red no disfrutaríamos.

Así que la verdadera fórmula es la siguiente: mis objetivos *más* las personas a las que necesito llegar *más* mi estilo de red *es igual* a las tácticas de redes que necesito utilizar.

## MIS OBJETIVOS
## + PERSONAS A LAS QUE NECESITO LLEGAR
## + MI ESTILO DE NETWORKING

## TÁCTICAS DE NETWORKING QUE NECESITO USAR

Antes de abordar la siguiente autoevaluación consulta la instantánea de networking actual en el capítulo 2 para que identifiques dónde has estado trabajando en red hasta este punto. Lo que encuentres allí podría indicar tu zona de confort en las redes.

## Autoevaluación: estilo de redes personales

**¿Cuáles son mis formas preferidas de hacer networking?**_____

_____

**¿Dónde me siento más cómodo/a?**

¿Socialización en persona (conferencias, congresos, festivales literarios)?

¿Por video y teléfono (webinars, grupos/encuentros virtuales/grupos de mentes

maestras)?

¿Correo electrónico?

¿Discusiones online y foros?

Social media: LinkedIn, Facebook, Pinterest, Instagram?

**¿Qué tipo de networking te gustaría probar?**

_____

**¿Qué tipo de networking te interesa?**

_____

**Si te abruma la idea de networking, ¿qué actividades específicas te vienen a la mente?**

_____

_____

**Describe un plan de acción de networking que se concentre en tu tipo de actividades de networking preferido y que es "light" en las actividades que menos te gustan.**

_____

_____

_____

## LA PERSPECTIVA DE UN EDITOR

[Paso] un poco de tiempo cada día de trabajo interactuando en Twitter, en Facebook y en LinkedIn. Comparto noticias sobre la industria editorial y artículos acerca de cómo dirigir un negocio de edición, notas de agradecimiento de los clientes, noticias sobre los éxitos editoriales de mis clientes, nuevas acerca de capacitación y software útiles, artículos sobre buenas relaciones autor-editor... Estoy mostrando lo hábil y conocedora que soy y lo estupendo que es trabajar conmigo.

—KATHARINE O'MOORE-KLOPF, KOK EDIT

# EXPLORANDO TU ESTILO

Reconocer y aprovechar tu estilo de red personal es el ingrediente secreto para elaborar un plan de networking que funcione para ti. La creación de redes, exponerse, conocer gente nueva, ya es lo suficientemente retador, sin tener que agregar el luchar contra tus tendencias naturales. Entonces, trabaja con lo que tienes y con quien eres en este momento. Tal vez simplemente no uses Facebook, y si tienes que convertirte en un profesional de Facebook, tu plan de redes ya está condenado incluso antes de que comiences. Pero LinkedIn es tu zona de confort: has ganado tres clientes a través de esta red y has ayudado a cuatro colegas a conectarse con oportunidades increíbles. En ese caso, utiliza tu experiencia y sé creativo. Aprovecha al máximo tus fortalezas. Y tal vez en un año decidas que estás listo para aprender a tuitear con los mejores: ¿quién sabe? Esa persona con la que hiciste una gran conexión en LinkedIn puede necesitar tu ayuda para poner al día su estrategia de uso de LinkedIn. ¡Ayúdense unos a otros! Enséñense unos a otros cómo hacer que estas plataformas —que simplemente son nuevas herramientas de comunicación— funcionen para tus necesidades.

O tal vez no te gusta vestirte e ir a conferencias. Tal vez encuentres agotador viajar o necesitas quedarte en casa para ayudar a cuidar a un miembro de la familia. Hoy en día nada de eso tiene que limitar tu capacidad para hacer conexiones y construir tu red. Puedes inscribirte a conferencias virtuales, asistir a videoconferencias o comunicarte con colegas del otro lado del mundo, ¡todo sin salir de tu casa!

No hay una sola forma correcta de establecer contactos. Haz lo que sientas que es cómodo hoy y respeta lo que te hace ser "tú mismo". Cuando comienzas en tu zona de confort y la aprovechas al máximo desarrollarás la confianza para superarla siempre y cuando lo desees (o sentirás que estás exactamente donde necesitas estar).

# ENCONTRANDO EL EQUILIBRIO

Ahora es el momento de tomar tu hoja networking trimestral completa y colocarla junto a la autoevaluación de estilo de redes personales. Tus respuestas a la hoja de trabajo de autoevaluación de este capítulo te ayudarán a establecer qué tácticas de red debes seguir.

¿Las tácticas de networking que has esbozado en el plan trimestral se alinean con tus zonas personales de comodidad y productividad? Destaca las acciones de networking que podrían representar un desafío en función de tu estilo personal. (Puedes pensar que éstas residen en tu "zona de crecimiento", un lugar de desafío y posibilidad.) Ten en cuenta que no estamos sugiriendo que taches las acciones de la zona de crecimiento de tu lista. Sólo te pedimos que las subrayes para que sepas dónde tu resistencia interna podría "asomar la cabeza". Si has resuelto los ejercicios a lo largo de este libro y has dedicado el tiempo y el pensamiento para elaborar un buen plan, entonces es hora de creer en el plan.

## LA PERSPECTIVA DE BRITTANY

Disfruto de Pinterest y de Instagram y solía estar más involucrada en algunos de los grandes grupos de edición de Facebook, pero me resulta fácil perderme ahí y salir agotada y atiborrada con demasiadas ideas. Aquí es donde entra la ansiedad abrumadora. He descubierto que la mejor manera de manejar esto consiste simplemente en dejar de participar en las redes sociales, lo que siempre ha sido un factor estresante para mí. El resultado es que tengo una presencia esporádica en una gran variedad de plataformas, lo cual no es muy útil.

Pero sé que las redes sociales tienen un lugar potencial en mis esfuerzos de networking y todo se reduce a descubrir cómo hacer que funcionen para mí. En este momento estoy evaluando dónde quiero estar activa en las redes sociales, cuál será la expresión de mi marca, a quién quiero concentrarme en llegar y cómo administrar mis redes sociales de manera sostenible y consistente.

He descubierto que mi zona de confort de redes radica en fomentar relaciones individuales con personas que conozco a través del voluntariado o de intereses compartidos. Eso es lo natural para mí y es como he logrado hacer crecer mi red: estableciendo conexiones personales (generalmente por correo electrónico, por teléfono o en persona). Mi desafío aquí es hacer lo mismo a través de un medio que no es natural para mí.

## Check-in de editor:

Mientras Ana trabajaba en las respuestas a la autoevaluación de estilo de redes personales se dio cuenta de que le gusta interactuar en Facebook e Instagram, pero tiene dificultades para encontrar un tono equilibrado en sus correos electrónicos. Ana también reconoció que los espacios virtuales son mucho más cómodos para ella que la perspectiva de asistir a reuniones o a conferencias en persona. Debido a la pandemia, ha tenido la oportunidad de asistir a muchos eventos de manera virtual, pero siente que, para avanzar en su carrera, necesita sentirse más cómoda con las reuniones en persona.

Mientras revisa su hoja de trabajo de redes trimestral completa, utiliza este conocimiento de su estilo de redes para guiar sus esfuerzos y dar forma a su estrategia de redes para el próximo trimestre. Debido a que sabe que probará este plan durante los próximos tres meses, después de lo cual evaluará su progreso, Ana tiene la libertad de experimentar y ser intencional sobre la creación de redes, ya que tiene un propósito.

Cuando analizamos el plan de Ana en las páginas siguientes identificamos que ha logrado incluir tres de las cinco tácticas de redes: sitio web (publicación de blog), redes sociales (Facebook e Instagram) y grupos profesionales (PEN y Sisters in Crime). También asistirá a un evento en persona (de bajo estrés) en su biblioteca local para aclimatarse al networking en persona. Durante cada una de estas actividades de networking, Ana tendrá en cuenta cómo la ayudarán a lograr sus objetivos de trabajar con autores de misterio independientes, establecer su reputación como editora y correctora independiente, y construir su marca única. La red planificada real que realiza cada semana cambiará de acuerdo con su tiempo disponible y con las oportunidades que encuentre para contribuir al crecimiento y al éxito de su red, pero su mentalidad cotidiana (dar, agregar valor y conectarse con los demás) permanece activa y constante.

Así es como se vería la hoja de cálculo de Ana durante la semana 1 de su primer cuatrimestre:

| Primera semana | Actividad | Tiempo asignado | ¿A quién estoy alcanzando? |
|---|---|---|---|
| Lunes | Unirme a PEN y crear un perfil en el directorio que refleje mi enfoque en misterio y géneros relacionados. | 2 horas | Colegas editores en PEN, clientes potenciales que buscan en el directorio un editor a quien contratar. |
| Martes | Comenzar una breve publicación de blog (1000 palabras) titulada "Cómo establecer un personaje en tu misterio". Hablar de esto en Instagram y Facebook; preguntar a mis seguidores por su configuración de misterio favorita. | 1 hora | Escritores de misterio, clientes pasados, compañeros editores, clientes potenciales, escritores y lectores de ficción de misterio. |
| Miércoles | Buscar autores independientes que se especialicen en misterio. Elegir cinco. Seguirlos en redes sociales. Mirar sus libros y visitar sus sitios web. Comentar una publicación relacionada con el misterio: lo que aprendí/me gusta de cada uno de ellos. | 1 hora | Autores independientes, otros editores, escritores novatos fanáticos de estas marcas independientes. |
| Jueves | Unirme a Sisters in Crime, explorar el área de miembros y buscar el capítulo local más cercano (o un capítulo en línea). | 30 minutos | Autores y editores de misterio. |
| Viernes | Terminar de escribir la publicación del blog. Hacerlo revisar por un colega. Publicarlo en mi sitio web. Compartirlo en las redes sociales (Facebook e Instagram). Asistir a una charla de un autor de misterio en una biblioteca local. | 1 a 3 horas | Escritores y editores de misterio, lectores de misterio, aspirantes a escritores. |

**HERRAMIENTAS DE  MÁXIMA PRIORIDAD
PARA MI TRABAJO EN REDES**

**Mi sitio web**

Crear, revisar, actualizar y personalizar mi sitio web

**Mi perfil de LinkedIn**

Crear, revisar, actualizar y personalizar mi perfil

**Mi perfil en los directorios**

Crear, revisar, actualizar y personalizar mis perfiles

# CAPÍTULO 11
# EVITANDO TROPEZONES EN NETWORKING

*Lo obvio sólo es obvio cuando le sucede a otra persona.*

—*Anthony Marra*, El Zar del Amor y Techno

A lo largo de los años, como miembros activos de las comunidades de edición, en Estados Unidos y en el extranjero, hemos tratado de aportar lo mejor de nosotras cuando nos reunimos con clientes, colegas y profesionales que trabajan en la industria editorial. Hemos asistido a conferencias, nos hemos ofrecido como voluntarias para los grupos locales de editores, hemos organizado el Programa de Bienvenida para la EFA, hemos tomado clases, hemos participado en seminarios web y en paneles, y hemos escrito publicaciones en blogs. Asimismo, hemos contratado colegas, referido colegas y sido receptores de referencias. En cada situación hemos tratado de involucrarnos conscientemente con todos los que se cruzaron en nuestro camino.

Pero sabemos que hay momentos en que hemos fallado, cuando nuestros mejores esfuerzos no fueron suficientes. Con todos los aspectos positivos que han surgido de nuestras carreras como editores también hemos observado muchos comportamientos que eran muy poco atractivos e, inadvertidamente, hemos sido culpables de algunos de esos comportamientos. Si bien es fácil detectar esos procederes en otra persona, puede ser difícil reconocerlos en nosotros mismos. Los desvíos de redes que hemos experimentado incluyen malas actitudes, negatividad, falta de compromiso, trabajo mediocre, egoísmo flagrante, ausencia de empatía y un enfoque en la "creación de redes con intenciones exclusivamente transaccionales". Cuando se enumeran así, es obvio que estos comportamientos sabotearán todos nuestros esfuerzos positivos para crear redes.

Entonces, como sólo un verdadero amigo celebraría nuestro éxito, nos animaría cuando estamos deprimidos y señalaría discretamente las áreas y las conductas que deberíamos revisar porque pueden hacernos daño, hemos descubierto seis claves para evitar trampas al establecer contactos.

# SÉ PROFESIONAL

*Profesional* debe ser tu actitud predeterminada (que luego puedes relajar a medida que conoces gente). Ser profesional significa algo diferente para distintas personas, ya sea en diferentes países o en distintas culturas en el mismo país. Para algunos, ser profesional sólo es una cuestión de conocer un tema (un conocimiento especializado). Para otros, no se trata únicamente del conocimiento adquirido a través de la escolarización y de la experiencia, sino de una combinación de educación y comportamiento cotidiano. No puedes controlar cómo otra persona interpretará tu comportamiento, pero puedes ser diligente sobre el tipo de persona que proyectas y sobre cómo reaccionas en situaciones difíciles.

Hemos conocido editores bien informados que tienen éxito financiero, pero que carecen de profesionalismo cuando se trata de trabajar con clientes o con colegas. ¿Qué queremos decir con eso? Bueno, a veces los editores pueden ser groseros y déspotas. Otras veces no cumplen con lo que prometieron o se avergüenzan al admitir que cometieron un error y no lo reconocen. Algunos editores hablan sólo de ellos mismos y de todos sus éxitos. Otros comparten demasiada información personal con gente que apenas conocen, provocando que un colega o un cliente se sientan incómodos. Y a veces la falta de profesionalismo no tiene nada que ver con nuestras habilidades y nuestros conocimientos, pero alguien nos encuentra en el momento equivocado, cuando nuestra mente está ocupada en otro asunto y no podemos responder a sus preguntas, así que damos una respuesta corta, y en consecuencia nos etiquetan como una persona "maleducada".

Parte de ser profesional radica en equilibrar la cortesía y la amabilidad con los límites. Trata de ser cortés con todos. Sin embargo, la vida "sucede"; a veces hay un tema que explota en un foro en línea y sientes que no puedes ser educado; entonces haces bien, simple y firmemente, en alejarte de la situación. Todos hemos estado allí en algún momento de nuestras carreras. No dejes que una persona te coloque a su nivel, donde comprometerías tu profesionalismo.

Para mantener una personalidad profesional sé cortés, amable y compasivo, y mantente fiel a tus valores fundamentales.

# DESARROLLA TUS HABILIDADES

El profesionalismo también implica ser competente y conocer tus habilidades. Eres competente cuando puedes hacer el trabajo, porque sabes cómo hacerlo. Cuando comienzas tu carrera como editor, indexador o verificador de hechos, no lo sabes todo; todavía estás desarrollando tus habilidades. De hecho, los profesionales siempre están desarrollando sus habilidades, lo que también incluye a los editores veteranos.

Nadie lo sabe todo, pero podemos aprender lo que necesitamos saber para realizar nuestro trabajo al mejor nivel. Entonces, si estás pensando adquirir un proyecto que no está en tu área de especialización o se encuentra en un área o en un género al que deseas llevar a cabo la transición, primero desarrolla tus habilidades: toma clases, estudia el tema, lee trabajos de ese género o de esa especialidad, entrevista a personas expertas en ese campo y disipa tus dudas. Llena el vacío de conocimiento. El hecho de mejorar continuamente es parte de nuestro trabajo diario. Si no estás seguro por dónde empezar, consulta los seminarios web y las clases que se ofrecen a través de PEN, ACES, CIEP o EFA. Para cualquier persona que hoy día trabaja o quiere trabajar en el mundo de las publicaciones, un gran primer paso sería que aprenda sobre el lenguaje consciente.

*La calidad de tu trabajo es la base de tu reputación.*

—*Brittany Dowdle*

## CORRESPONDE CUANDO SEA POSIBLE, MUESTRA GRATITUD SIEMPRE

La amabilidad recíproca es una forma de demostrar a tus colegas que los respetas y que te preocupas por tus relaciones de networking. Si alguien te ha remitido un cliente potencial, asegúrate de evidenciar tu gratitud a ese colega. Si un cliente te ha contratado para revisar su trabajo, al final del proyecto asegúrate de expresarle lo agradecido que estás de que te haya elegido para realizar ese trabajo.

Hay muchas maneras creativas de mostrar gratitud. Éstas son algunas de nuestras favoritas:

- Envía una tarjeta de agradecimiento. En Estados Unidos ésta es una práctica muy común y fácil de ejercitar. En otros países quizás sea más difícil hacerlo, pero si es posible, ¡hazlo! El impacto de recibir una tarjeta de agradecimiento inesperada es muy valioso.

- Dale un "me gusta" al contenido de alguien y compártelo/repostéalo, concediéndole crédito a esa persona. ¡Es gratis! (Comparte la liga de una clase o de una charla que van a dar, de un artículo que hayan escrito o de un recurso que hayan creado y publica una foto del libro de tu cliente y menciona dónde se puede comprar.)

- Envía un regalo como agradecimiento por una referencia de trabajo que hayas recibido. ¡En el mundo de la edición el té, el café y los certificados de regalo para una librería siempre son muy apreciados! Ten cuidado de no hacer un regalo demasiado personal. Una regla que seguimos nosotros consiste en gastar entre 5 y 10% del monto del contrato que obtuvimos gracias a esa referencia. Considérala una inversión en tu relación de networking. La persona que te refirió el trabajo estará agradecida y lo más probable es que te refiera otro trabajo si se siente apreciada. *Nota: el regalo lo enviamos después de haber firmado un contrato, o luego de que el cliente nos haya pagado.*

- Deja una recomendación en el perfil de LinkedIn de alguien o un testimonio en su sitio web. (Una vez más, ésta es otra actividad que toma unos minutos y no cuesta nada.)

- Recomienda tus conexiones a otra persona, haz una presentación o, si se te atraviesa una buena oportunidad, devuelve el favor. (De nuevo, ¡estos pequeños gestos son gratis! *¡Gratis! ¡Libre! ¡Sin costo!* )

# LA IMAGEN IMPORTA

El dicho "Sólo tienes una oportunidad de causar una primera impresión" no podría ser más cierto. ¡Haz que esa primera impresión funcione para ti! Eso significa optimizar tus palabras, tu imagen, tu actitud, tu espacio de trabajo. Si un cliente o un colega siente que no te cuidas a ti mismo y a tu negocio, asumirá que no vas a cuidarlos a ellos ni a sus proyectos.

Sé profesional en tu apariencia. Eso no significa que utilices un atuendo elegante, pero sí que cuides la higiene personal, que uses ropa limpia y que respetes el hecho de que muchos clientes trabajan en oficinas tradicionales y tienen ciertas expectativas. (Nota: este consejo habla de las realidades de interactuar con clientes y colegas y de las ideas generales de lo que se considera "profesional", pero también queremos reconocer que "profesional" es una construcción cultural que a veces puede hacernos sentir que tenemos que ocultar quiénes somos o cambiar quiénes somos para ser aceptados. Así que nuestro consejo es el siguiente: sé fiel a ti mismo y haz tu mejor esfuerzo siempre. Los colegas con los que deseas asociarte apreciarán quién eres. Los clientes que enriquecerán tu vida profesional valorarán tu verdadero tú.)

Cuando estés trabajando, sé profesional de todas las formas posibles. Mantén tu discurso atento y respetuoso, incluso si no estás de acuerdo con los estilos de trabajo o con las opiniones de las personas. Siempre debes evitar discutir sobre religión y política y acerca de otros temas delicados, a menos que estén relacionados con el proyecto en el que estás participando. Muchas veces no conocemos los antecedentes de nuestro cliente o de nuestro colega e ignoramos lo que puede parecerles ofensivo, por lo cual es mejor evitar situaciones difíciles.

Si sabes que vas a tener una videollamada, ¡elige tu espacio con cuidado! Muchos de nosotros estamos realizando múltiples tareas en casa con otros miembros de la familia. Nuestros espacios pueden estar ocupados, pero asegurémonos de que estén ordenados. Los espacios ordenados dicen mucho a nuestros clientes sobre nosotros y sobre la forma en que trabajamos.

Si necesitas hacer una videollamada u organizar una reunión desde tu teléfono, busca un buen espacio y un buen lugar para apoyar tu teléfono con anticipación. Si tu entorno es poco convencional, está bien. Sólo ten en cuenta que tus colegas y tus clientes esperan que estés atento, que seas un oyente activo y que te comprometas con ellos.

# RESPETA EL TIEMPO, EL ESPACIO, LAS PREFERENCIAS Y LA INFORMACIÓN PROPIEDAD DE OTRAS PERSONAS

Si te estás comunicando con alguien nuevo, es una buena idea utilizar primero el correo electrónico. Una vez que comiences a comprender la relación, si lo prefieres, pregúntale si también le gustaría comunicarse por mensaje de texto, por video o por teléfono. Nunca envíes un mensaje de texto a alguien sin primero pedirle permiso para hacerlo. *Nota: sabemos que en Latinoamérica es muy común usar Whatsapp y enviar mensajes de texto a cualquier hora. Recuerda que en Estados Unidos esto no es bien visto ni es muy apreciado. Antes de mandar un mensaje de texto, primero pide permiso para hacerlo y ten la cortesía de preguntar cuáles horarios están fuera de límite, así no causarás molestias.*

Evita enviar solicitudes urgentes por la noche o los fines de semana. Ten en cuenta que las personas tienen vidas al margen del trabajo y es posible que no tomen a bien saber de ti durante ese tiempo. Si necesitas ayuda de alguien durante esos momentos, asegúrate de que tu solicitud sea específica. Facilita, en la medida de lo posible, que las personas te ayuden.

Recuerda, tus clientes y tus colegas pueden vivir en zonas horarias diferentes a las tuyas, y tu llamada telefónica o tu mensaje de texto pueden llegar cuando están durmiendo o cenando con su familia. No querrás ser la persona que está enviando mensajes de texto o llamando en ese momento. (Por ejemplo, Linda vive en la costa oeste y a menudo recibe mensajes de texto de clientes de la costa este que ignoran por completo la zona horaria.) (¡Está por demás decir que a Linda no le gusta esto!)

Como mencionamos antes, espera para compartir información personal hasta que desarrolles una relación que respalde ese nivel de intercambio. Si eres demasiado informal y revelas una de tus deficiencias o tus inseguridades a un cliente, es posible que éste sea reticente para contratarte en proyectos futuros. ¡Hay un espacio y un tiempo para todo!

Finalmente, como profesional independiente, sabes cuánto tiempo y esfuerzo has invertido en construir tu negocio, hacer contactos, desarrollar tus procesos y obtener clientes. Si bien los profesionales más experimentados con frecuencia están felices por retribuir y compartir sus conocimientos arduamente ganados con colegas que apenas comienzan, es importante reconocer esta generosidad como el regalo que es. Y respetar sus límites. En otras palabras, no respondas a la amabilidad de alguien preguntándole descaradamente por su lista de contactos de clientes o cuánto cobran por sus servicios (y sí, ¡eso nos sucede todo el tiempo!). Si te has beneficiado de la ayuda de alguien, recuerda devolver el favor. La generosidad es la tela de la que están hechas las redes.

## APRENDE A "FALLAR HACIA ADELANTE"

A veces, incluso con nuestras mejores intenciones y nuestra óptima planificación, las cosas pueden salir mal. Involuntariamente lastimamos a alguien con nuestras palabras o nuestras acciones. Cometemos un error. Cuando eso sucede, nuestra práctica consiste en detenernos y tomar un momento para reflexionar. Consultamos con un colega de confianza. Elegimos sabiamente nuestros próximos pasos. Y si necesitamos disculparnos, lo hacemos, porque es importante reconocer nuestros fracasos y nuestros éxitos. Esto es a lo que nos referimos al decir "fallar hacia adelante", o sea, aceptar el fracaso como una experiencia de aprendizaje.

Nadie en nuestra industria es perfecto en su conocimiento ni lo sabe todo. Todos estamos aprendiendo y evolucionando. Cuando somos capaces de entender por qué estamos equivocados, y luego hacer las paces, la gente nos respeta, y somos mejores personas por hacerlo. Todos avanzamos juntos. Como afirma Crystal Shelley en su *Kit de herramientas de lenguaje consciente:* "Si bien la intención es importante para ayudarnos a decidir cómo elaborar nuestro mensaje, la forma en que nuestro mensaje es recibido por otro no cambia". Ser conscientes de la otra persona y tratar de elevar a los demás es un aspecto esencial en la creación de redes efectivas y espacios compartidos, ya sean reales o virtuales.

# CONCLUSIÓN

Gracias por invertir tu tiempo y tu energía en aprender sobre prácticas efectivas de networking con nosotros. Nuestra esperanza es que a través de los ejercicios y las hojas de trabajo de este libro hayas descubierto una nueva comprensión de lo que puede ser la creación de redes y cómo puede ayudarte a alcanzar tus metas.

Si las viejas y obsoletas ideas sobre el networking te frenaban, ahora tienes un nuevo marco para actuar, uno que te coloca en el centro de una red positiva e interconectada de colegas, clientes y futuros amigos. En esta web dinámica, tu estilo de comunicación personal, tu zona de confort, no es algo que tengas que superar, sino que es la base de tu estilo de red característico. ¡Es tu ventaja por jugar de local! Y cuantas más conexiones hagas al aprovechar tu estilo único, más fuerte se volverá tu red, porque será una consecuencia de quién eres, no de quién crees que deberías ser para convertirte en una superestrella del networking impersonal.

Y si aún no lo hemos dicho lo suficiente, recuerda que el éxito de las redes no se mide por la cantidad de personas que conoces, por el tamaño de tu huella digital o por cuántas conexiones de LinkedIn o seguidores de Instagram tienes. En lugar de compararte con los editores más visibles en las redes sociales o con la persona más extrovertida de la última conferencia, considera la red con la que comenzaste y la red que estás construyendo para ti mismo. ¿Estás haciendo conexiones que te están ayudando a desarrollar y a hacer crecer tu negocio? ¿Tienes colegas de confianza con los que puedes hablar en espacios privados, un grupo de compañeros editores que se apoyan y se alientan mutuamente? ¿Eres capaz de retribuir y devolver lo que has recibido ayudando a los recién llegados a la profesión? Si tu networking te está ayudando a alcanzar tus objetivos profesionales, entonces es un éxito. Así de simple.

Debido a que todos nos encontramos en diferentes etapas de nuestras carreras, la parte principal de este libro se centró en los aspectos más importantes de nuestro enfoque de la creación de redes: evaluar tus necesidades, comprender las cinco tácticas básicas de redes y descubrir tu estilo de networking personal. Hemos reservado consejos prácticos específicos y recursos detallados para los apéndices que están al final de esta obra. En las siguientes páginas encontrarás consejos prácticos y mejores prácticas, además de otras herramientas para ayudarte a comenzar tu viaje de networking profesional. Quizás no todo te sirva en este momento. Usa lo que te convenga y descarta lo que no necesitas ahora. Y recuerda: no estamos solos. Hay una comunidad de profesionales editoriales como tú, en espera de ser localizados, escuchados, leídos y apoyados.

# EPÍLOGO

En el verano de 2019 nos ofrecimos como voluntarias para codirigir el Programa de Bienvenida (Welcome Program), un programa de la Iniciativa de Diversidad (DI) de la EFA. *Nota: hoy día la DI ha evolucionado y ahora se llama el Diversity, Equity, and Beloning (DEB) initiative.*

Con base en nuestra experiencia con el Programa de Bienvenida (y varias conferencias, clases y reuniones de capítulos), algo se hizo evidente: la creación de redes es difícil para muchos de nosotros que trabajamos en el mundo de la edición independiente y con frecuencia no estamos haciendo networking de manera efectiva y eficiente. En otras palabras, nuestros esfuerzos de creación de redes no nos están ayudando realmente a alcanzar nuestros objetivos específicos.

Mientras reflexionábamos sobre nuestros propios desafíos de redes y ayudábamos a los colegas en el Programa de Bienvenida a trabajar con base en sus propios desafíos, diseñamos un seminario web para ofrecer orientación y herramientas a editores como nosotros, un recurso para extrovertidos, introvertidos y ambivertidos. Nos llevó seis meses de investigación y de escritura antes de que se nos ocurriera una breve presentación que consideráramos que cubría lo esencial que un editor, un corrector, un indexador o un verificador de hechos independientes necesitaban saber sobre cómo establecer una red adecuada y sólida para ellos y para su negocio. Este libro es una extensión de ese seminario web. Esperamos que encuentres útiles los consejos prácticos y que te brinden un plan de acción para seguir adelante con tu carrera editorial.

La creación de redes ocurre entre seres vivos y sintientes, en medio de la evolución de la tecnología y de los recursos. Estamos conscientes de que esta obra no representa un análisis exhaustivo de lo que podemos lograr juntos, pero es un comienzo. Si tienes sugerencias, ideas o correcciones, o si te gustaría continuar la conversación, nos encantaría saber de ti en www.networkingforeditors.com/connect.

¡Te deseamos mucho éxito!

Brittany Dowdle y Linda Ruggeri

# RECONOCIMIENTOS

Ningún libro es producto de una sola persona (¡o, en nuestro caso, de dos!). Por eso nos gustaría agradecer a las siguientes grandes inspiraciones de personas, algunas de las cuales nos han permitido utilizar sus citas en nuestro trabajo y otras que, de diferentes formas, nos han iluminado y motivado para hacer que esta obra se publique:

Los miembros de la Iniciativa de Diversidad de la EFA y los participantes del Programa de Bienvenida

Louise Harnby (www.louiseharnbyproofreader.com)

Sophie Playle, Liminal Pages (liminalpages.com)

Kellie Hultgren, KMH Editing (www.kmhediting.com)

Sangeeta Mehta, Mehta Book Editing (www.mehtabookeditingnewyork.com)

Katharine O'Moore-Klopf, KOK Edit (www.kokedit.com)

Madeleine Vasaly, Madeleine Vasaly Editorial Services (www.madeleinevasaly.com)

Samantha Nolan, Nolan Branding (www.nolanbranding.com)

Ebonye Gussine Wilkins, Inclusive Media Solutions, LLC (egwmedia.com)

Ricardo Stanton-Salazar (www.stanton-salazar.com)

Adaobi Obi Tulton, Serendipity23 Editorial Services (www.serendipity23editorial.com)

Ælfwine Mischler, Mischler Editorial (www.mischlereditorial.com)

Crystal Watanabe, Pikko's House (www.pikkoshouse.com)

Luis Arturo Pelayo, Spanish to Move (www.spanishtomove.com)

Cassie Armstrong, MorningStar Editing... el primer eslabón de la red de Brittany, gracias.

Cada uno de ustedes ha sido una inspiración maravillosa para nosotros.

Un gran agradecimiento a la Biblioteca Pública de Los Ángeles, a la Biblioteca Pública de Nueva York y a la Biblioteca Pública de Brooklyn.

Y, finalmente, gracias a nuestras familias, que siempre nos apoyan y nos alientan.

# APÉNDICE A
# COMPROMISO DE NETWORKING

COMPROMISO DE NETWORKING

Me comprometo a mí mismo, en este día,
a tratar de establecer contactos
de manera significativa.
Con cada cliente y colega, grande o pequeño,
me conectaré con mucho empeño.
Cuando me acerco a otros y comparto el bien,
es lo mejor que puedo hacer
para mi negocio también.

# CONSEJOS PARA EL SITIO WEB

Hoy día hay muchas opciones si quieres construir tu propio sitio web. Puedes ir por la ruta del "hazlo tú mismo" o puedes contratar a un profesional para que lo haga por ti (mientras proporciones el contenido). Pero antes de embarcarte en la construcción de tu propio sitio web te sugerimos que tengas en cuenta los costos de construir un sitio web al contratar a alguien que lo haga por ti (lo que te permitiría concentrarte en el trabajo remunerado, que quizás te deje más ganancias que dedicar esas horas para hacerlo tú mismo).

## DÓNDE EMPEZAR

Los costos básicos involucrados en la construcción de un sitio web se destinan a:

- comprar tu nombre de dominio y registrarlo (tarifa anual),
- pagar el costo de alojamiento para el servidor que albergará tu sitio web (tarifa anual),
- contratar una dirección de correo electrónico dedicada exlusivamente a tu compañía (tarifa anual), y
- obtener protección de seguridad del sitio web para eliminar las amenazas cibernéticas (tarifa anual).

Los costos adicionales, pero opcionales, pueden ser los siguientes:

- una suscripción a una biblioteca de imágenes que puedas utilizar en tu sitio,
- acceso a software de diseño gráfico (como Canva o Adobe Illustrator, si tienes experiencia en diseño),
- contratación de un diseñador gráfico para elaborar tu logotipo o tu marca,
- plantillas o temas pagados,
- funcionalidad de comercio electrónico,
- widgets, complementos y aplicaciones de pago,
- tener tu sitio web revisado profesionalmente para SEO o marketing,
- tener tu sitio indexado periódicamente con Google, y
- pruebas y diseño de accesibilidad

# TOMANDO LA RUTA PROFESIONAL

Si decides contratar a un profesional, a continuación te ofrecemos algunas sugerencias:

- Dedica tiempo a la arquitectura de la información: cómo está estructurado tu sitio web, cómo se relacionan las páginas entre sí, qué páginas son realmente necesarias y qué contenido no es pertinente. Investiga lo que otros editores están haciendo en sus sitios: lo que te gusta de ellos y lo que no, lo que funciona y lo que no. Muchas veces lo que nos gusta a nosotros no tiene nada que ver con lo que nuestros clientes potenciales están buscando.

- Verifica que tu sitio web sea seguro: debe tener un certificado Secure Sockets Layer (SSL), lo que significa que cualquier dato que se transmita entre servidores de web debe estar encriptado. Si no es seguro, cualquier información que un usuario ponga en tu sitio (por ejemplo, su dirección de correo electrónico si se suscribe a tu boletín informativo) no está protegida y podría ser robada.

- Después de que tu sitio web esté funcionando, asegúrate de tener acceso las 24 horas del día, los siete días de la semana, al panel de administración para que puedas editar el contenido tú mismo en lugar de tener que enviar un correo electrónico al administrador del sitio web para solicitarle cambios (lo cual puede llevar mucho tiempo para ambos y terminar siendo costoso).

# YENDO POR LA RUTA DEL "HAZLO TÚ MISMO"

Hay muchas maneras de construir tu sitio web, y en la actualidad el precio de hacerlo es más asequible que nunca. Puedes construirlo tú mismo desde cero por medio del software de código abierto WordPress, utilizado con frecuencia por escritores y bloggers, o puedes construirlo fácilmente mediante una empresa de creación y alojamiento de sitios web (con plantillas y funciones de contenido de arrastrar y soltar). Según CNET, las empresas de creación de sitios web más populares y fáciles son Wix, Squarespace, Weebly, GoDaddy, Duda y Shopify (para comercio electrónico).

# LO BÁSICO

A continuación ofrecemos nuestros seis elementos imprescindibles para el sitio web de un editor exitoso:

1.  **Un nombre de dominio claro.** Ésta es la parte principal de cómo se verá tu URL y cómo la gente te localizará. No lo hagas demasiado difícil o demasiado simple. Quieres algo que la gente pueda recordar fácilmente.

2. **Una buena página de aterrizaje.** Incluye una foto tuya (¡actualizada!), tu nombre, qué géneros editas, en qué tipo de edición te especializas y *qué problema vas a resolver para el cliente.*

3. **Una página de servicios detallada.** Esta página explica qué servicios ofreces y qué incluye cada uno de ellos, *con un lenguaje que tu cliente pueda entender.* No tienes que desglosar tus tarifas, pero procura agregar un rango de precios aproximado o consultar el sitio web de una organización profesional que tenga tarifas sugeridas, para que tu cliente pueda tener una mejor idea de los costos promedio de varios servicios editoriales. Es importante educar al cliente en la idea de que la edición no es un servicio gratuito.

4. **Una página de testimonios.** Aquí es donde los visitantes pueden leer citas de clientes que disfrutaron trabajando contigo. Si no tienes ningún testimonio, ¡comienza a recopilarlos ahora! Te sorprendería lo amables que pueden ser tus clientes si sólo les pides una referencia de un renglón sobre tu trabajo. Si apenas estás comenzando, el voluntariado puede ser una excelente manera de elaborar tus primeros testimonios.

5. **Una página de contacto.** Incluye en esta página un llamado a la acción como "¡Hablemos!" o "Envíame un correo electrónico para darte una cotización" o "¿Cómo puedo ayudarte hoy?" Asimismo, agrega una dirección de correo electrónico con hipervínculo en tu página de contacto que, al hacer clic, abra automáticamente una nueva ventana de mensaje de correo electrónico. También puedes incluir un número de teléfono o tu ciudad y tu estado, si lo deseas. Algunos clientes preferirán contratar a un editor local, en lugar de un editor fuera del estado que está en un huso horario diferente.

6. **Enlaces a redes sociales.** Finalmente, asegúrate de que la parte inferior de cada una de las páginas de tu sitio web tenga iconos que enlacen a las cuentas de redes sociales de tu empresa.

Estos son los bloques de construcción básicos para un sitio web exitoso que te darán una base sólida para la creación de redes. Una vez que estén en su lugar, puedes agregar otras páginas y características significativas para atraer más tráfico a tu sitio e interactuar con tus visitantes:

- Crea paquetes de edición (en los que combines varios servicios a una tarifa con descuento).

- Enumera recursos útiles (libros, sitios web, artículos de blog, videos de YouTube, etcétera, algunos de los cuales hayas creado).

- Ofrece un boletín anual/trimestral/mensual/semanal a través de un formulario de suscripción.

- Ten un blog con contenido relevante que aborde los desafíos con los que tus clientes o tus colegas puedan tener dificultades.

- Diseña una página de muestras de tu trabajo con enlaces a los libros/documentos/contenido que has editado.

- Crea una página de productos (donde vendas archivos PDF instructivos, libros o cualquier otro material que hayas producido).
- Instala Google Analytics. (Esto es sólo para ti, para que puedas medir el rendimiento de tu sitio y ver qué funciona —para que puedas crear más— y qué no.)

Antes de que tu sitio web se publique, contrata a un colega editor, o propón un intercambio en el que tú revises el sitio web de la otra persona. Como editores, ¡no podemos permitirnos tener errores tipográficos y gramaticales ni enlaces que no funcionan en nuestros propios sitios web!

También reducirá tu estrés si reconoces que el diseño de tu sitio web necesita evolucionar con tu empresa y debes invertir estratégicamente para que incluso, si necesitas agregar páginas, o rediseñar la organización del sitio más adelante, tengas la capacidad de realizar cambios sin comenzar desde cero. Ya sea que vayas por la ruta del "hazlo tú mismo", o contrates a un diseñador, asegúrate de mantener tus archivos de logotipo de alta resolución en un solo lugar, preferiblemente en una carpeta de "sitio web" que también contenga los gráficos que has comprado, diseñado o encargado, así como copias de seguridad del contenido escrito. Mantener tus materiales organizados te ayudará a evitar la ansiedad que es tan común cuando alguien dice: "¡Necesito hacer algo con respecto a mi sitio web!"

*De Linda:*

*Tengo bastante experiencia con tecnología y me gusta aprender sobre nuevos software o plataformas que puedan ayudarme con mi trabajo. Inicialmente elegí construir mi sitio web original en WordPress porque era importante para mí aprender a hacerlo y, sobre todo, tener acceso 24/7 a él en caso de que quisiera actualizar algo. Me tomó una semana de trabajo de tiempo completo, y horas de tutoriales en YouTube, aprender a usar WordPress de manera efectiva, entender cómo incorporar y personalizar los temas de Elementor, comprender los widgets y los complementos (no me preguntes sobre esto porque todavía no sé lo suficiente, ¡ja!), crear mis gráficos, organizar fotos, escribir contenido, etcétera, etcétera. Fue una gran experiencia, pero también fue agotadora. Sin embargo, una vez que mi sitio web estaba configurado, sólo tuve que realizar un mínimo mantenimiento mensual para que fuera dinámico: agregando contenido nuevo o actualizando temas. Construir tu propio sitio web requiere paciencia, determinación y más paciencia. Cuando decidí actualizar mi sitio web, hace un par de años, elegí la ruta profesional y contraté a alguien para que lo hiciera por mí. Sabía que una mejor inversión de mi tiempo sería concentrarme en lo que hago bien (editar) y dejar que un diseñador profesional transforme mi sitio. ¡Valió totalmente la pena!*

*De Brittany:*

*Tengo algo de experiencia en diseño, así que cuando comencé a planificar una actualización de mi sitio web pensé que lo diseñaría yo misma. Usé Squarespace, y cuando estaba empezando no había tenido dificultades para utilizar esa plataforma para diseñar mi sitio. El resultado fue una presencia en línea simple, efectiva y muy atractiva. Pero cuando estuve lista para realizar una revisión completa, unos años más tarde, Squarespace había evolucionado, al igual que mis necesidades, y después de* pasar meses frustrada, contraté a un diseñador de sitios web que me ayudó a resolver tanto la lógica como la estética de mi nuevo sitio. Como dijo Linda, a veces puedes hacerlo por ti misma, y a veces vale la pena pagar por ayuda profesional.

Puedo mantener mi sitio por mi cuenta, pero me ahorro mucho tiempo y estrés cuando asigno la parte de diseño a otra persona. Dicho esto, no importa cuán perfecto sea tu sitio web hoy; deberás realizar actualizaciones a medida que pase el tiempo. Tus clientes ideales cambiarán, tu nicho puede reducirse o cambiar, y querrás adaptarte al último estilo de sitio web y a las mejores prácticas.

Una nota sobre la navegación segura: si ya tienes un sitio web o estás diseñando uno, asegúrate de ofrecer una experiencia de navegación confiable para tu cliente potencial a través del cifrado y la autenticación. Esto significa que tu sitio web comenzará con HTTPS (protocolo seguro de transferencia de hipertexto), en lugar de HTTP, pues HTTPS protege la integridad de la comunicación entre tu sitio web y el navegador de tu cliente, por lo que no se interceptan datos.

¿Por qué es importante esto? El uso de HTTPS te protege a ti, a tu cliente y los datos que están intercambiando (especialmente si estás vendiendo un servicio o producto directamente en tu sitio). También garantiza que las computadoras de tus clientes no bloquearán tu sitio web ni advertirán que no es seguro, lo que te puede costar un cliente potencial. Para asegurarte de que tu sitio web está utilizando HTTPS, ponte en contacto con tu empresa de alojamiento web y asegúrate de tener un certificado SSL habilitado en todo tu sitio. Es literalmente sólo un clic de un botón y, dependiendo de tu empresa de alojamiento, puede ser gratis o lo puedes comprar como un complemento.

# CONSEJOS PARA SOCIAL MEDIA

El social media, o redes sociales, es, básicamente, un medio de comunicación más. Y como todo tipo de comunicación, es una herramienta poderosa en nuestra práctica de networking. Muchos de nosotros evitamos plataformas específicas, o toda esa escena de redes sociales. Si incorporar las redes sociales al plan de networking es una actividad en tu "zona de crecimiento", las siguientes secciones te ayudarán a sentirte cómodo con las plataformas que usan más otros editores. Recuerda: la tecnología es un ser vivo y está cambiando constantemente. Lo que funciona para nosotros hoy puede no ser útil mañana. Es probable que surjan nuevas plataformas y nuevos sistemas, por lo cual necesitamos saber con qué nos sentimos cómodos y dónde podemos ser flexibles. Aquí te presentamos las redes sociales más utilizadas por nosotras y editores que conocemos personalmente.

Como todas las organizaciones, las plataformas que se analizan a continuación tienen sus fortalezas y sus debilidades, así que usa tu juicio si decides unirte a ellas. Estamos enlistando aquellas que nos han beneficiado de manera particular, porque éstos son los medios con los que tenemos experiencia. El hecho de que enlistemos las plataformas aquí no significa que sean impecables o que las respaldemos. Hemos aprendido mucho de cada una de ellas y, de una forma u otra, cuando se utilizan sabiamente, nos han ayudado en nuestras estrategias comerciales y de networking.

*Consejo: siempre que te unas a un grupo de internet, antes de tirarte de cabeza y hacer preguntas, observa la dinámica y la forma de comunicación del grupo. Muy a menudo conocemos gente que se une a grupos y empieza a hacer preguntas básicas cuyas respuestas se pueden encontrar fácilmente si uno leyera los posts y las reglas del grupo, o si buscara palabras clave en los archivos del grupo. No hay nada que diga "amateur", y que cause una "volteada de ojos", que una persona que no se toma el tiempo de informarse cómo funciona el grupo.*

## COMENZANDO CON LAS REDES SOCIALES

### Facebook

Tus esfuerzos de networking en Facebook dependerán de si estás tratando de pasar tiempo con otros profesionales editoriales (para aprender, socializar y mantenerte relevante) o con clientes potenciales (para comprender mejor sus necesidades, causar una buena impresión y mostrar tu experiencia). Si ya pasas mucho tiempo personal en Facebook, entonces es una extensión natural de tu estilo de comunicación utilizarlo para la creación de redes. Puede ser tan simple como unirte a algunos de los grupos centrados en la edición o a algunos grupos de escritura de género. Pero es fácil ser absorbido por Facebook y perder horas a la vez, por lo que recomendamos que te unas a grupos con base en referencias de personas de confianza o después de realizar una cierta cantidad de investigación. No ayuda pertenecer a cincuenta grupos y solamente "mirar" (a menos que sólo estés recopilando información). Para usar Facebook como una herramienta de red querrás reducir el alcance en función de a quién quieres llegar y luego enfocar tus esfuerzos allí.

Al comenzar a interactuar en un nuevo grupo, asegúrate de leer las reglas de ese grupo y seguirlas. También es una buena idea revisar cualquier archivo que el grupo mantenga en su página, ya que con frecuencia son recursos que han sido desarrollados para los miembros y pueden responder muchas de tus preguntas básicas. A medida que te aclimatas a un nuevo grupo de Facebook es posible que desees presentarte y luego ver el grupo en acción durante unos días para tener una idea de su dinámica. Si descubres que no es el lugar para ti, puedes abandonar el grupo, dejar de seguirlo o seguir siendo miembro, pero regresar en otro momento. Los grupos evolucionan, y también evolucionarán tus esfuerzos de creación de redes.

Si tienes una cuenta personal de Facebook puedes conectarte en red con esa cuenta, pero también puedes crear una cuenta comercial de Facebook y usarla para interactuar con colegas y clientes potenciales. No recomendamos usar una cuenta comercial de Facebook en lugar de tu sitio web, pero puede representar un gran aporte a tu presencia general en línea. Dependiendo de tu nicho, tus contactos pueden estar muy involucrados en Facebook, o no estar involucrados en absoluto. Al igual que con todos tus esfuerzos de networking, deja que tus objetivos y el "quién" al que esperas te guíen. Con más de dos mil millones de usuarios mensuales Facebook es demasiado vasto para navegar sin una brújula.

Si configuras una página de negocios puedes usarla para vincular el contenido de tu blog, celebrar victorias y ofrecer recursos para clientes potenciales. O tal vez muestres un lado más ligero y personal de tu marca comercial publicando cómics relacionados con la escritura. Cualquier contenido que hayas diseñado para tus otras plataformas de redes sociales también se puede usar aquí. Pero recuerda que, con el gran alcance de Facebook, también es fácil que despeguen las impresiones negativas. Entonces, ya sea que uses una cuenta personal o comercial, ten en cuenta que la forma en que hablas y te comportas influirá en la forma como los clientes potenciales y tus colegas te perciben profesionalmente.

## Instagram

Si no tienes una cuenta de Instagram, o tienes una que no has usado durante mucho tiempo, hay algunas cosas que debe hacer antes de comenzar a publicar.

- Edita la información de tu perfil agregando/revisando lo siguiente:

    o Tu nombre (límite de 30 caracteres). ¿Cómo quieres ser conocido? No tienes que usar tu nombre real, pero definitivamente utiliza el nombre de tu empresa.

    o Tu sitio web.

    o Tu currículum muy corto (límite de 150 caracteres). Asegúrate de que tu título, tu profesión o tu área de especialización estén claros.

    o Tu dirección de correo electrónico.

    o Cualquier otra cosa que sientas que es importante tener (un número de teléfono no es necesario y no lo aconsejamos).

    o Pronombres (Instagram ahora te permite establecer esto en tu currículum).

- Elige (en Configuración) si deseas que tu perfil sea público o privado (público, por supuesto, te dará más exposición).

- Elige (en Configuración) si deseas tener una cuenta personal o profesional (para el propósito de este libro asumimos que estás buscando una cuenta comercial profesional).

Una vez que tu perfil esté actualizado, entonces puedes comenzar a publicar. A estas alturas debes tener claro qué tipo de contenido vas a publicar.

*Para publicar*

Abre Instagram y haz clic en el signo más (+). Se desplegará la ventana Nueva publicación.

- Elige tu imagen y haz clic en Siguiente.

- Elige tu filtro, si necesitas uno. Si no, simplemente haz clic en Siguiente.

- Escribe tu texto (atencion al límite de caracteres y de hashtags). ¡Asegúrate de que no contenga errores!

- Etiqueta a las personas relevantes (opcional). Piensa en etiquetar autores, clientes o colegas editores. Para etiquetar, siempre comienza usando el signo @.

- Agrega tu ubicación (o la ubicación donde viven tus clientes). Puedes elegir diferentes ciudades, dependiendo del contenido sobre el que estés publicando. Agregar la ubicación ayuda a que Instagram sugiera tu contenido a otras personas en la misma zona y con los mismos intereses.

- Elige si quieres compartir tu publicación en otras cuentas (Facebook, TikTok o Snapchat, WhatsApp.)

- Haz clic en el botón para compartir.

*Consejos de Instagram*

- Las publicaciones de video siempre obtienen más vistas que las publicaciones estáticas.

- Si publicas de forma nativa (desde tu teléfono), ten algunas listas de hashtags para los temas sobre los que publicas con frecuencia en las notas de tu teléfono, y cópialas y pégalas cada vez que publiques (por ejemplo, hashtags para temas de memorias, hashtags para herramientas de escritura, hashtags de recursos para editar).

- Actualiza tus hashtags según las tendencias del momento. (Una búsqueda en Google, o en otras publicaciones de Instagram, revelará las tendencias y los hashtags utilizados recientemente.)

- Planifica tu contenido una o dos semanas antes. Obtén información acerca de cómo crear un calendario editorial de contenido y utiliza aplicaciones o programas que te permitan planear tu publicación con anticipación (como Hootsuite, Later o Buffer).

- Organiza tus publicaciones futuras. Lleva a cabo un seguimiento acerca de cuándo recibes la mayor cantidad de tráfico y publica en esos horarios para una mayor exposición. También puedes optar por hacer que tu cuenta sea comercial (¡gratis!) y usar Instagram Insights para ver a cuántas cuentas has llegado, el porcentaje de seguidores/no seguidores, las interacciones de contenido, los clics en el sitio web, etcétera.

- Responde a los comentarios que hagan las personas en tus publicaciones.

- Deja comentarios positivos en las publicaciones de otras personas.

- ¡Sé creativo! ¡No dejes que tu contenido se vuelva obsoleto! ¡Y no sientas que necesitas ser convencional!

- No sigas a las personas para luego dejar de seguirlas.

- Siempre incluye tu geoetiqueta (la ubicación) en tu publicación.

Como mencionamos en el capítulo 7, éste es un ejemplo de un bookstagram creado por Linda:

La imagen fue publicada en Instagram y subtitulada de la siguiente manera:

*Conociendo el Wisconsin rural: viñetas de la vida del abuelo Charly, desde la Prusia hasta el Medio Oeste,* capítulo 5, "El camino por delante".

Las memorias familiares históricas traen muchas emociones a la mesa. Implican rodearse de fotografías antiguas, documentos familiares, títulos de propiedad, registros de matrimonio y nacimiento, reliquias y recuerdos, y reconstruir una historia (tu historia) poco a poco.

Como autor, inicialmente sientes que eso es suficiente. Pero no lo es. La clave para hacerlo interesante, según mi humilde opinión, es poner toda esa información en un contexto histórico. ¿Qué estaba sucediendo en ese momento en el pueblo/ciudad/estado/país/mundo? ¡Bam! Ahora, las cosas cambian, y esa foto en blanco y negro de 1932, de dos chicas de veinte años en pantalones cortos frente a un nuevo Studebaker Rockne, en una granja rural de Wisconsin, tiene un SIGNIFICADO COMPLETAMENTE NUEVO (piensa: era la época de la Gran Depresión y los pantalones cortos estaban mal vistos entonces, hasta que Katharine Hepburn comenzó a usarlos en la década de 1930). Y sí, no olvidemos que estamos en la zona rural de Wisconsin.

Así que sí, tu libro es sobre tu historia, pero también se trata de colocar tu historia dentro de una historia de un "mundo más grande". ¡No vivimos encerrados en una burbuja! Vivimos en pueblos, ciudades, estados, países que cambian constantemente y que afectan la forma en que seguimos adelante, las decisiones que tomamos, lo que compramos, comemos y cómo nos entretenemos.

¿Estás pensando escribir tus memorias y no tienes claro cómo empezar o seguir adelante? Envíame un correo electrónico (enlace en mi perfil) y déjame guiarte a través del proceso.

#memoir #MemoriasdeFamilia #bookstagram #MemoriasHistoricas #EscritoresDeInstagram #PrimerLibro #MiProyectoDeEscritura #EditorDeDesarollo #EditorDeLineas #CopyEditor #Editores #VidaRural #VidaEnElMidwest #BookstagramRetweet #EscribiendoDesdeCasa #LibrosSobreWisconsin #WisconsinStories #DescubreWisconsin

## LinkedIn

Si tu plataforma preferida es LinkedIn, hay muchas cosas que puedes hacer para asegurarte de que la estás utilizando de manera efectiva. No uses LinkedIn como el lugar virtual para entregar indiscriminadamente tu tarjeta de presentación (aunque nunca deberías hacerlo de todos modos), pero piensa en ello más como la reunión de la compañía donde puedes congregarte y mezclarte con nuevos colegas, intercambiar ideas y recursos, discutir noticias de la industria y celebrar los éxitos de los demás. ¡LinkedIn es ese tipo de lugar!

### Página de perfil

*Perfil principal.* Ésta debe ser tu primera prioridad. ¿Están actualizados tu nombre y tu imagen? ¿Escribiste tu frase de presentación? Si no estás seguro de qué incluir aquí, inspírate leyendo lo que han puesto otras personas y luego crea lo tuyo. ¿Estás indicando cuál es tu puesto de trabajo actual? Aquí es donde puedes mencionar que eres un profesional independiente. Por ejemplo, Linda dice: "Editora bilingüe de no ficción (especializada en memorias, libros de cocina, traducciones y correcciones en español)". ¿Están vigentes tu ciudad y tu estado? ¿Y tu industria? Si estás abierto a otros trabajos, asegúrate de elegir también ese botón.

*Acerca de.* Aquí es donde muestras tus puntos fuertes y "vendes" tus servicios. En otras palabras, es el lugar en tu página de perfil de LinkedIn donde debe ir tu discurso de ascensor. Asegúrate de que sea conciso, que no divague y que diga cuál es tu especialidad y cómo puedes ayudar a tus clientes a alcanzar sus objetivos. *Recuerda: los clientes mirarán tu perfil para ver si puedes resolver sus problemas.*

*Experiencia.* Esta parte es básicamente tu currículum. Cualquier proyecto particularmente valioso o emocionante en el que hayas participado, o cualquier cliente con el que hayas trabajado (y que tengas permiso de mencionarlo), debe publicarse aquí. Indica específicamente qué trabajo hiciste para el proyecto con el objetivo de destacar tus habilidades.

*Educación y experiencia de voluntariado.* Asegúrate de agregar las escuelas a las que asististe, tus títulos o tus certificaciones, y cualquier trabajo voluntario que hayas realizado. En LinkedIn te conectarás con personas que comparten tus intereses y tu industria, además de conectarte con conocidos de antes, viejos colegas, maestros o vecinos. Nunca se sabe de dónde vendrá la próxima oportunidad de trabajo. Y como dijimos en el capítulo 9, el voluntariado es un supercargador de redes. Le muestra a un cliente potencial que también tienes tu corazón en otras cosas. Incluso si tu trabajo voluntario no está relacionado con la edición (por ejemplo, ser voluntario en un banco de alimentos, ayudar en un refugio de animales o eliminar las plantas invasoras en el parque local de tu vecindario), eso podría ser justo lo que te conecta con tu próximo cliente, separándote del resto y despertando el interés de ese cliente.

*Para publicar*

Para publicar en LinkedIn debes estar en la página de inicio (haz clic en el icono Inicio en la parte superior de la página). El primer bloque es Iniciar una publicación y allí puedes elegir qué tipo de contenido publicar. Es sencillo. Recuerda: deseas agregar valor a la vida de un cliente potencial o de un colega (trata de evitar la publicación aleatoria y publica intencionalmente). Ten en cuenta que LinkedIn sólo permite usar un hipervínculo por publicación, y no siempre mostrará la página del hipervínculo, por lo cual debes leer las instrucciones sobre cómo publicarlo. Si hay un colega que te gustaría mencionar en tu publicación, sigue adelante y etiquétalo también, siempre y cuando seas respetuoso y le proporciones contenido significativo. Para obtener más orientación, consulta "Publicar artículos en LinkedIn":

www.linkedin.com/help/linkedin/answer/47538/publish-articles-on-linkedin?lang=en.

Aquí hay algunas ideas que creemos son los mejores tipos de publicaciones para LinkedIn:

- Comparte un enlace a un buen artículo sobre cómo resolver un problema que tu cliente podría estar teniendo.

- ¿Descubriste una nueva característica interesante en Word que está infrautilizada? Comparte esa información con una captura de pantalla y explica cómo la usas.

- Celebra el logro de un colega, primero comentando sobre su publicación y luego republicando ese contenido en tu página.

- ¿Un colega publicó contenido interesante? Comenta ese post y da un paso más etiquetando a otro de tus contactos en la publicación para que también pueda acceder a ella (aquí es donde puedes jugar al "casamentero" y presentar a dos personas que no se conocen pero comparten intereses similares y algún día podrían colaborar entre sí).

  o Por ejemplo, mira este caso real: Joy comparte una publicación acerca de cómo un libro sobre prácticas de salud en los bosques del que fue coautora ganó un premio de la Asociación de Profesionales de Recursos Naturales. Entonces, Linda felicita a Joy por el maravilloso logro y también etiqueta a su amigo Jay, un gerente del programa de extensión de horticultura de la Universidad de Wisconsin-Madison, que podría estar interesado en el material que Joy acaba de publicar. Incluso si nada sale de ello en términos de oportunidades de negocio para cualquiera de ellos, Joy aprecia la referencia, Jay aprecia el contacto y Linda demostró que está atenta a los dos y tiene en cuenta las necesidades de su red.

- Comparte un video instructivo sobre algo en lo que seas bueno. Por ejemplo, cómo responder a los comentarios en Track Changes de Word o cómo comenzar a crear tu hoja de estilo para manuscritos YA (young adult).

- Comparte los datos de un evento al que te interese asistir. Pregunta si alguien acudirá o si le gustaría reunirse contigo allí. Tal vez incluso logres reunir un grupo. Mientras coordinaba el capítulo de la EFA en Los Ángeles, a menudo Linda publicaba información sobre eventos literarios a los que los editores locales podían asistir, o sugería una reunión. (Por ejemplo, si vas a hablar en un panel para tu organización editorial local, asegúrate de compartir el enlace al evento en LinkedIn.)

- Pide ayuda. Si estás comenzando un nuevo proyecto, o estás buscando cambiar la dirección de tu trabajo y deseas sugerencias, publica una "llamada" aquí. ¡Te sorprenderá lo mucho que a la gente le gusta dar consejos y compartir sus recursos!

- ¿Has añadido una nueva habilidad? ¿Recibiste una nueva certificación? ¿Estás ofreciendo un nuevo servicio? Asegúrate de anunciarlo aquí y agrega un enlace directo a tu sitio web para aquellos que desean obtener más información.

APÉNDICE D
# ORGANIZACIONES

Las siguientes son organizaciones que podrían representar una buena opción para ti y para tus intereses a medida que construyes tu red profesional. De ninguna manera esta lista es exhaustiva o completa. Por ejemplo, si te especializas en editar contenido para una industria específica, como la agricultura orgánica o la energía verde, también querrás desarrollar una red dentro de esos campos. Para obtener más ideas, visita la Base de conocimientos de editores de Katharine O'Moore-Klopf, quien presenta una gran lista de organizaciones.

## GENERALES SOBRE LA EDICIÓN

ACES: The Society for Editing
    (https://aceseditors.org)
Chartered Institute of Editing and Proofreading (CIEP)
    (https://www.ciep.uk)
Editors Canada
    (https://www.editors.ca)
Editorial Freelancers Association (EFA)
    (https://www.the-efa.org)
Institute of Professional Editors Limited (IPEd)
    (https://www.iped-editors.org)
Professional Editors Network (PEN)
    (https://pensite.org)

## DE INTERÉS ESPECÍFICO

American Christian Fiction Writers (ACFW)
    (https://acfw.com)
American Medical Writers Association (AMWA)
    (https://www.amwa.org)
American Society for Indexing
    (https://www.asindexing.org)

American Society of Journalists and Authors (ASJA)
    (https://asja.org)
Asian American Writers' Workshop
    (https://aaww.org)
Asian Council of Science Editors
    (https://theacse.com)
Asociación Mexicana de Editores de Revistas Biomédicas (AMERBAC)
    (http://www.amerbac.org.mx)
The Authors Guild
    (https://www.authorsguild.org)
Bay Area Editors' Forum
    (http://editorsforum.org)
Black Editors & Proofreaders
    (https://blackeditorsproofreaders.com)
Black Writers Collective
    (https://blackwriters.org)
Board of Editors in the Life Sciences (BELS)
    (https://www.bels.org)
The Children's Book Council
    (https://www.cbcbooks.org)
Copyediting-L (CE-L) (forum)
    (http://www.copyediting-l.info)
Council of Science Editors (CSE)
    (https://www.councilscienceeditors.org)
The Editors Lair (forum)
    (http://www.editorslair.com)
Freelancers Union
    (https://www.freelancersunion.org)
Historical Novel Society
    (https://historicalnovelsociety.org)
Independent Book Publishers Association (IBPA)
    (https://www.ibpa-online.org/)
Indigenous Editors Association
    (https://www.indigenouseditorsassociation.com)
Indigenous Journalists Association (IJA)
    (https://najanewsroom.com)

LGBTQ+ Editors Association
   (https://lgbtqeditors.org)
Mystery Writers of America
   (https://mysterywriters.org)
National Association of Independent Writers and Editors (NAIWE)
   (https://naiwe.com)
NLGJA: The Association of LGBTQ Journalists
   (https://www.nlgja.org)
Nonfiction Authors Association
   (https://nonfictionauthorsassociation.com)
Romantic Novelist Association (RNA)
   (https://romanticnovelistsassociation.org)
Sisters in Crime
   (https://www.sistersincrime.org)
Society for Technical Communication (STC)
   (https://www.stc.org)
Society of Children's Book Writers and Illustrators (SCBWI)
   (https://www.scbwi.org)
Spanish Editors Association (SEA)
   (https://spanisheditors.org)
The Poetry Foundation
   (https://www.poetryfoundation.org)
The Society of Authors (Reino Unido)
   (https://www2.societyofauthors.org)
The Society of Indexers (Reino Unido)
   (https://www.indexers.org.uk)
Trans Journalists Association
   (https://transjournalists.org)
Women Fiction Writers
   (https://www.womensfictionwriters.org)
Writers Guild of America East
   (https://www.wgaeast.org)
Writers Guild of America West
   (https://www.wga.org)

# APÉNDICE E
# LECTURAS RECOMENDADAS

A lo largo de nuestras carreras de edición, pero más aun cuando comenzamos a investigar material para esta obra, hemos comprado, revisado y tomado prestados libros de bolsillo, de tapas duras, audiolibros y libros electrónicos relacionados con los beneficios y los desafíos de las redes. Buscamos materiales que nos ayudaran a tomar decisiones más sabias como freelancers, así como consejos generales para fortalecer y expandir nuestros negocios. Aquí hay una lista de algunos de los libros que ofrecieron no sólo excelentes enfoques para la creación de redes, sino que también nos enseñaron que es posible tener una vida profesional y personal más significativa conectándonos auténticamente con los demás. Esperamos que disfrutes estos libros tanto como nosotras.

Y como prometimos a lo largo de este libro de trabajo, también hemos incluido recursos en línea que pueden ayudarte a explorar tu propia ruta de red.

## DESAFÍOS EN REDES

"¿Demasiada información, o no suficiente?"
    (responsiveediting.com/too-much-information-or-not-enough)
"Las redes remotas como una persona de color"
    (hbr.org/2020/09/remote-networking-as-a-person-of-color)
"Todos pueden aprender cómo las comunidades marginadas usan las redes sociales"
    (onezero.medium.com/marginalized-communities-know-the-upside-of-oversharing-on
    -social-media-8bee5f908197)
"Recuperar redes"
    (embracechange.nyc/blog/reclaiming-networking)
"La mayor barrera para la inclusión racial corporativa es su red social totalmente blanca"
    (www.linkedin.com/pulse/biggest-barrier-corporate-racial-inclusion-your-social-tulshyan)
"Conectando sin capital social: cómo los estudiantes desatendidos se conectan a pesar de las
    barreras"
    (www.insightintodiversity.com/connecting-without-social-capital-how-underserved-
    students-network-despite-barriers)

# ACCESIBILIDAD

"Publicaciones que nacen accesibles"
    (pensite.org/2021/05/born-accessible-publishing)
"Federal Social Media Accessibility Toolkit Hackpad"
    (digital.gov/resources/federal-social-media-accessibility-toolkit-hackpad)
"¿Tus redes sociales son accesibles para todos? Estas 9 mejores prácticas pueden ayudar"
    (www.shondaland.com/act/a26294966/make-your-social-media-more-accessible)
"Cómo crear publicaciones accesibles en Instagram"
    (www.business2community.com/instagram/how-to-create-accessible-posts-on
    -instagram-02405647)
"Diseño inclusivo para redes sociales: consejos para crear canales accesibles"
    (blog.hootsuite.com/inclusive-design-social-media)
"Alt Text para SEO: cómo optimizar tus imagenes"
    (ahrefs.com/blog/alt-text)
"Todo lo que necesitas saber para escribir texto alternativo efectivo"
    (support.microsoft.com/en-us/topic/everything-you-need-to-know-to-write-effective-alt-
    text-df98f884-ca3d-456c-807b-1a1fa82f5dc2)
"Comienza con las 7 habilidades básicas | U accesible"
    (accessibility.umn.edu/what-you-can-do/start-7-core-skills)
"Hacer que las imágenes web sean accesibles para las personas ciegas"
    (consciousstyleguide.com/making-web-images-accessible-people-blind)
"Accesibilidad web: qué, cómo y por qué"
    (https://www.rabbitwitharedpen.com/blog/web-accessibility-what-how-and-why)

# GRUPOS DE MENTES MAESTRAS

"Siete razones para unirse a un grupo de mentes maestras"
    (www.forbes.com/sites/chicceo/2013/10/21/7-reasons-to-join-a-mastermind-group)
"El poder de los grupos de mentes maestras y cómo puedes beneficiarte de ellos"
    (medium.com/the-post-grad-survival-guide/the-power-of-mastermind-groups-and
    -how-you-can-benefit-from-them-bf4e6eeb66e6)

## ESTABLECIMIENTO DE METAS

"Estrategias para el establecimiento de metas"
(https://medium.com/swlh/goal-setting-strategies-11d8c2c8159b)
"Establecimiento de metas: una guía científica para establecer y alcanzar metas"
(https://jamesclear.com/goal-setting)

## AUTOCUIDADO

"Hacerle frente al estrés"
(www.cdc.gov/violenceprevention/about/copingwith-stresstips.html)
"Estrés: cómo lidiar con los factores estresantes de la vida"
(my.clevelandclinic.org/health/articles/6392-stress-coping-with-lifes-stressors)
"Siete consejos de autocuidado para freelancers creativos"
(fairygodboss.com/articles/7-self-care-tips-for-creative-freelancers)
"Cinco maneras en que las freelancers de color pueden proteger su salud mental"
(blog.freelancersunion.org/2021/06/07/5-ways-black-female-freelancers-can-protect-their
-mental-health)
"Manejo del estrés"
(www.heart.org/en/healthy-living/healthy-lifestyle/stress-management)
Alianza Nacional sobre Enfermedades Mentales
(nami.org)
NAMI HelpLine at 800-950-NAMI (6264)
EUA. Línea Nacional de Prevención del Suicidio (Lifeline) at 1-800-273-TALK (8255)
EUA. Línea de texto de crisis (text HELLO to 741741)

# HOJAS DE TRABAJO

**Fecha de inicio:**
_____

Objetivo principal:

Objetivos de base:

Con base en mis objetivos para este trimestre ¿con quién me tengo que conectar ahora?

¿Cómo puedo usar cada táctica de networking para conectarme con ellos?

Acción para mi página web:

Acción para mis comunicaciones profesionales:

Acción para mi social media:

Acción para mis organizaciones profesionales:

Acción para mis actividades voluntarias:

**ANÁLISIS DE FIN DE TRIMESTRE**

**Fecha de terminación:**
_____

Progreso:

# INSTANTÁNEA DE RED ACTUAL

Fecha: _____

## MI RED PEQUEÑA Y CONFIABLE

Mi red pequeña y confiable actual está formada por las personas enumeradas a continuación. Sé que puedo acudir a ellas con preguntas, dudas, ideas o historias de éxito, y que recibiré sus perspectivas honestas.

| PERSONA | PLATAFORMA | INDUSTRIA/ESPECIALIDAD REPRESENTADA |
|---------|------------|--------------------------------------|
|         |            |                                      |
|         |            |                                      |
|         |            |                                      |
|         |            |                                      |
|         |            |                                      |
|         |            |                                      |
|         |            |                                      |
|         |            |                                      |
|         |            |                                      |
|         |            |                                      |
|         |            |                                      |
|         |            |                                      |
|         |            |                                      |
|         |            |                                      |
|         |            |                                      |

Preguntas: ¿Quién falta en mi red?

¿Qué me dice esto de mi plataforma de networking preferida?

¿Trabajo exclusivamente en una especialidad/género/sector?

# INSTANTÁNEA DE RED ACTUAL

**Fecha:** _____

## MI RED AMPLIA

Mi red amplia actual está formada por las personas listadas a continuación. Es posible que no conozca a todas estas conexiones personalmente, pero están en mi órbita y ayudan a ampliar mi comprensión y mi alcance.

| PERSONA | PLATAFORMA | INDUSTRIA/ESPECIALIDAD REPRESENTADA |
|---------|------------|-------------------------------------|
| | | |
| | | |
| | | |
| | | |
| | | |
| | | |
| | | |
| | | |
| | | |
| | | |
| | | |
| | | |
| | | |

Preguntas:  ¿Quién falta en mi red?
¿Qué me dice esto de mi plataforma de networking preferida?
¿Estoy haciendo networking exclusivamente en un sector?
¿Mi red es superficial y desarticulada?

# Autoevaluación: sitio web

### Paso 1: Tu página web

URL de mi sitio web: _____

Servicios de corrección (por ejemplo: corrección por línea, escritura fantasma, indexación):

_____

Género/especialidad (autoayuda, biografías, libros de texto universitarios, manuales,

etcétera): _____

Fuentes y colores: _____

_____

_____

_____

_____

Imágenes usadas: _____

_____

Categorías de páginas: _____

Profesionalidad:        1     2     3     4     5     6     7     8     9     10

Facilidad de navegación: _____

Llamada a la acción: _____

Facilidad para
contactarme:            1     2     3     4     5     6     7     8     9     10

¿Editor-céntrico o cliente-céntrico? _____

Reacción emocional instantánea (desde "trabajaría con esta persona" a "mmm" o "nunca")

                        1     2     3     4     5     6     7     8     9     10

# Autoevaluación: sitio web

**Paso 2: Sitios web de editores que ofrecen los mismos servicios en el mismo género/especialidad (elegir cinco sitios y hacer este ejercicio con cada uno)**

URL del sitio web: _____

Servicios de corrección (por ejemplo: corrección por línea, escritura fantasma, indexación):

_____

Género/especialidad (autoayuda, biografías, libros de texto universitarios, manuales,

etcétera): _____

Fuentes y colores: _____

_____

_____

_____

Imágenes usadas: _____

_____

Categorías de páginas:_____

Profesionalidad:      1    2    3    4    5    6    7    8    9    10

Facilidad de navegación: _____

Llamada a la acción: _____

Facilidad para      1    2    3    4    5    6    7    8    9    10
contactarme:

¿Editor-céntrico o cliente-céntrico? _____

Reacción emocional instantánea (desde "trabajaría con esta persona" a "mmm" o "nunca"

        1    2    3    4    5    6    7    8    9    10

# Autoevaluación: sitio web

**Paso 3: Comparar y contrastar**

¿Cuál sitio te gusta más? ¿Menos? ¿Por qué? _____

_____

_____

¿Qué sitio te inspira confianza? ¿Por qué?

_____

_____

¿Con cuál te entusiasmaría trabajar? ¿Por qué?

_____

_____

¿Qué tienen en común los dos sitios que más me gustan?_____

_____

_____

¿Qué tienen en común los dos que menos me gustan? _____

_____

_____

De los dos que más te gustan, ¿qué podrías aplicar a tu sitio de lo que aprendiste?

_____

_____

_____

_____

_____

_____

# Autoevaluación: hábitos de comunicación

## 👤 General

¿Cuál es tu método de comunicación preferido (teléfono, mensajes de texto, correo electrónico, etcétera)?

_____

Tu método preferido ¿está alineado con el de tus clientes?

_____

Si no es así, ¿qué ajustes puedes hacer para aumentar tu nivel de comodidad mientras aceptas sus preferencias?

_____

¿Qué hábitos de comunicación de los demás encuentras muy frustrantes, opuestos a una comunicación clara?

_____

_____

¿Cuáles de tus hábitos podrían afectar una comunicación clara y el desarrollo de una relación profesional?

_____

## 👤 Evaluación de correo electrónico

¿Siempre incluyes una línea de destinatario? ("Querida Ana", "Hola, Joy")_____

¿Incluyes un saludo personalizado? _____

¿Cómo cierras la comunicación? _____

¿Los invitas a continuar la charla? ¿Les comunicas sobre tu disponibilidad para contestar preguntas?_____

Los enlaces a tu sitio web y a tus redes sociales ¿están incluidos en tu firma?   Sí   No

Los nombres de las organizaciones a las que perteneces, ¿están incluidos en tu firma?   Sí   No

Tus mensajes ¿son largos y llenos de detalles?   Sí   No

¿Son lo más humanamente cortos posibles?   Sí   No

¿Usas viñetas para resaltar preguntas específicas que necesitan respuestas?   Sí   No

Describe el tono general de tus comunicaciones en tres palabras: _____

_____

**Ahora, elige al azar cinco mensajes de tu carpeta de enviados (de no más de un mes de antigüedad)**

Tus respuestas de la sección anterior, ¿reflejan lo que ves en estos mensajes?

_____

Nota las diferencias y evalúa si ajustando tu estilo de comunicación se pueden evitar malentendidos, mejorar tu eficiencia, atraer al lector, alentarlo a buscar soluciones, o crear un espacio para conocerse más y ser conocido como el editor detrás de las correcciones.

_____

_____

_____

_____

**Selecciona algunos correos electrónicos de dos de tus contactos cuyos mensajes sean claros, accionables y personalizados constantemente.**

Aplica las preguntas previas a esos mensajes y anota tus respuestas.

¿Qué aprendiste que puedes aplicar a tu propio estilo de comunicación? _____

_____

_____

_____

_____

_____

# Hoja de autoevaluación: chequeo de social media

¿En qué plataforma tienes una cuenta?

_____

_____

_____

¿Qué plataforma usas semanalmente?

_____

_____

_____

¿En qué plataformas socializas con otras personas?

_____

_____

_____

¿Cuál es tu plataforma preferida?

_____

¿Cuál es la menos favorita?

_____

¿Cómo **se alinean** estas plataformas con las que usan las personas con las que necesitas contactarte?

_____

_____

**Para cada plataforma que tienes, pregúntate:**

¿Soy exitoso? _____

_____

¿Cómo defines tu éxito en este contexto (número de seguidores/número de comentarios/oportunidades de trabajo/aprendizajes nuevos/construyendo relaciones)?

_____

_____

¿Estás midiendo tus esfuerzos y tus resultados o te estás guiando por el instinto?

_____

_____

# Autoevaluación:
*Herramienta de comparación de organizaciones profesionales*

| Organización | Ubicación | Costo de membresía | Orientado/a hacia | Tiene programas educativos | Tiene un foro para discusiones |
|---|---|---|---|---|---|
| Círculo de editores | EUA | $ | Editores académicos | S | S |
| | | | | | |
| | | | | | |
| | | | | | |
| | | | | | |
| | | | | | |
| | | | | | |
| | | | | | |
| | | | | | |
| | | | | | |
| Costo total | | $ | | | |

| Tiene un directorio en línea | Otros beneficios | Mi nivel de interés | Resultados | Renovar |
|---|---|---|---|---|
| S | Programa de tutoría, descuentos, cupones | Alto | Recibí un cliente en el primer mes<br>Recibí recomendación de trabajo por un colega que pertenece al grupo/asociación | S |
|  |  |  |  |  |
|  |  |  |  |  |
|  |  |  |  |  |
|  |  |  |  |  |
|  |  |  |  |  |
|  |  |  |  |  |
|  |  |  |  |  |
|  |  |  |  |  |
|  |  |  |  |  |
|  |  |  |  |  |

## Autoevaluación: voluntariado

**Experiencia previa de voluntariado**

Pros: _____

Contras: _____

**Mis objetivos principales y los de base**

1. _____
2. _____
3. _____

**Temas que me interesan personalmente**

1. _____
2. _____
3. _____

**Mis mejores habilidades**

1. _____
2. _____
3. _____

**Posibles grupos y actividades donde puedo hacer trabajo voluntario**

1. _____    6. _____
2. _____    7. _____
3. _____    8. _____
4. _____    9. _____
5. _____    10. _____

**Escribe de tres a cinco oportunidades que pueden ayudarte a promover/ avanzar un objetivo principal, un tema que te interesa y una de tus habilidades (elige una y comprométete con ella por seis meses a un año y luego reevalúa la oportunidad)**

1. _____    4. _____
2. _____    5. _____
3. _____

# Autoevaluación: estilo de redes personales

**¿Cuáles son mis formas preferidas de hacer networking?**_____

_____

**¿Dónde me siento más cómodo/a?**

¿Socialización en persona (conferencias, congresos, festivales literarios)?

¿Por video y teléfono (webinars, grupos/encuentros virtuales/grupos de mentes

maestras)?

¿Correo electrónico?

¿Discusiones online y foros?

Social media: LinkedIn, Facebook, Pinterest, Instagram?

**¿Qué tipo de networking te gustaría probar?**

_____

**¿Qué tipo de networking te interesa?**

_____

**Si te abruma la idea de networking, ¿qué actividades específicas te vienen a**

**la mente?**

_____

_____

**Describe un plan de acción de networking que se concentre en tu tipo de
actividades de networking preferido y que es "light" en las actividades
que menos te gustan.**

_____

_____

_____

# SOBRE LAS AUTORAS

**Brittany Dowdle** es una editora independiente con más de diez años de experiencia en la industria editorial. Ha editado el trabajo de autores best-sellers tradicionalmente publicados, así como también el de autores independientes premiados. Brittany se graduó *summa cum laude* de la Universidad de Georgia del Norte con un título en inglés. Es miembro fundador de la Iniciativa de Diversidad de la Editorial Freelancers Association (ahora Diversidad, Equidad y Pertenencia) y ayudó a diseñar el Programa de Bienvenida, actuando como su codirectora de 2019 a 2020. Brittany vive en las montañas del norte de Georgia con su marido aventurero, sus tres gatos, una bandada de pollos y muchos vecinos salvajes de la variedad de cuatro patas (o aladas, o con aletas). Cuando no está editando, escribiendo o explorando en el bosque, Brittany puede estar leyendo un libro bajo un parche de sol.


**Linda Ruggeri** es una editora independiente de no ficción, escritora y consultora para escritores y editores. Tiene un título *summa cum laude* en comunicaciones y bellas artes por la Universidad Loyola Marymount y cursó dos años de comunicación social en la Facultad de Ciencias de la Comunicación de la Universidad Nacional de Córdoba, Argentina. Nacida en Los Ángeles, de padres inmigrantes, Linda es latina y de la primera generación estadounidense. Le encanta viajar y ha vivido en Córdoba (Argentina), Nápoles y Salerno (Italia), Windsor (Canadá), Green Lake (Wisconsin) y Torrance (California). Al momento de la publicación de este libro, Linda dirige el Programa de Bienvenida para la EFA. Además de ser editora, es una ávida jardinera urbana y panadera, una escritora y una madre que con gusto cambiaría cualquier salida por un buen libro de no ficción y una buena copa de bourbon.

Si te gustó este libro, o lo encontraste útil, el mejor cumplido que puedes hacernos es dejar tu reseña honesta para que otros editores puedan encontrarla.

www.ingramcontent.com/pod-product-compliance
Lightning Source LLC
Chambersburg PA
CBHW082146120626

46553CB00010B/2783